MÉTHODE

ÉLÉMENTAIRE

DE

GÉOGRAPHIE.

DE L'IMPRIMERIE DE J. SMITH.

MÉTHODE

ÉLÉMENTAIRE

DE

GÉOGRAPHIE;

PAR HIRSCH,

AVEC DES CARTES.

A PARIS,

CHEZ
L'AUTEUR, rue Notre-Dame-de-Nazareth, n.° 19.
SAINT-MAURICE CABANY, rue Neuve-des-Petits-Champs, n.° 1.
LATOUR, Libraire, grande cour du Palais-Royal.
NYON jeune, Libraire, quai Conti.
BRUNOT-LABBE, Libraire, quai des Augustins, n.° 33.

1817.

	fr.	c.
Prix de la Méthode............	1 fr.	
— du premier Cahier contenant 5 Cartes élémentaires coloriées et 30 feuilles de Projections...	7	50
Séparément :		
1 Carte élémentaire.........	»	75
12 feuilles de Projections......	1	50

Sur papier vélin, prix double.

MÉTHODE

ÉLÉMENTAIRE

DE

GÉOGRAPHIE.

Si, parmi les personnes qui ont reçu de l'éducation, et qui par conséquent se sont occupées, dans leur jeunesse, de l'étude de la géographie, on en rencontre cependant beaucoup qui semblent totalement étrangères à cette science ; et si la plupart d'entre elles n'ont que des idées vagues et confuses sur tout ce qui a rapport aux positions et aux distances des lieux, il faut bien supposer que la méthode d'enseignement est généralement vicieuse ; et, en effet, en y réfléchissant un peu, il n'est pas difficile de voir que la marche qu'on suit ordinairement dans l'étude de la géographie est précisément le contraire de celle qu'il conviendrait d'adopter.

Aller du simple au composé, des idées sensibles aux idées intellectuelles, de la connaissance des choses à la mémoire des mots qui les rappellent, est la loi suprême dans toute espèce d'enseignement.

Rien de tout cela n'est observé dans les méthodes élémentaires de géographie; tout s'y réduit à peu près à faire apprendre par cœur un nombre plus ou moins considérable de noms propres classés méthodiquement, mais qui ne doivent tout au plus figurer dans la tête des enfans que comme des signes très-généraux, car on n'a pris la peine d'y associer aucune idée particulière. C'est comme si on voulait former un botaniste en lui faisant apprendre un *Species plantarum*, sans lui en faire voir une seule plante.

Cependant il est bien certain que l'étude de la configuration de notre globe, de sa position et de son mouvement dans l'espace, de ses divisions naturelles et de celles que la politique y a introduites, est essentiellement une étude graphique; qu'ici il faut absolument voir pour connaître, et connaître pour retenir; que la plus longue description instruit beaucoup moins qu'un seul coup d'œil, jeté sur les objets ou sur leur représentation; qu'en un mot, apprendre la géographie, c'est uniquement apprendre à voir la situation des différentes parties de la terre. L'image une fois rendue pour ainsi dire palpable, toutes les circonstances qui s'y rattachent viennent comme d'elles-mêmes s'associer au signe qui nous la rappelle, et ne la quittent jamais.

Ayant voulu donner des leçons de géographie à des enfans auxquels je prenais le plus grand intérêt, je ne tardai pas à m'apercevoir du vice radical des méthodes adoptées, et je me vis forcé de chercher une autre route.

Je n'entrerai point ici dans le détail des raisons qui m'ont déterminé dans le choix d'une méthode nouvelle. Ayant obtenu un plein succès, j'exposerai, en peu de mots, la marche que j'ai suivie pour la soumettre au jugement et à l'expérience des hommes qui s'intéressent à l'éducation. Ils découvriront facilement quels principes m'ont guidé.

J'ai commencé par donner à mes enfans une idée de la forme générale de la terre, en leur faisant connaître les raisons qui firent soupçonner qu'elle était ronde, et les moyens que l'on prit pour s'en assurer, mais j'eus bien soin de ne leur parler que de choses entièrement à leur portée. Je leur présentai une sphère dépouillée de son support et de son grand méridien, comme une image réduite de la forme de la terre. Je leur montrai son mouvement de rotation, les deux points que ce même mouvement détermine, et que nous appelons pôles, et enfin ce qu'on entend par axe de la terre.

En faisant tourner le globe autour de son axe, je leur fis remarquer qu'excepté les deux pôles, tout point quelconque, pris sur la sphère, décrit un cercle, et que ces cercles sont d'autant plus grands, que les points sont plus éloignés des pôles; qu'un point également distant des deux pôles décrit le cercle le plus grand, et qu'en traçant ce grand cercle sur le globe, on a indiqué tous ceux qui, comme lui, se trouvent également éloignés.

Ils virent que ce cercle sépare en même temps la sphère en deux parties égales, que nous pouvons appeler, d'après leurs pôles, *hémisphère boréale* et *hémisphère australe* : je leur appris que le cercle lui-même s'appelle l'*équateur*.

Quoique nous puissions maintenant, leur dis-je, désigner dans quelle moitié de la surface de la terre se trouve une contrée quelconque, cette indication étant trop vague, on a dû chercher à déterminer d'une manière plus rigoureuse la place d'un lieu, et on y a réussi, en divisant la distance qu'il y a de l'équateur au pôle en 90 parties égales, appelées *degrés* : chacun de ces degrés est subdivisé en 60 parties, appelées *minutes*, et chaque minute est divisée en 60 secondes.

Si, par les points que nous donne cette division, nous faisons passer des cercles parallèles à l'équateur, chacun d'eux indiquera sur le globe tous les points qui se trouvent à la même distance de l'équateur. Ces lignes circulaires sont appelées *parallèles*, et la distance d'un parallèle à l'équateur s'appelle *latitude*.

Ainsi, dire que telle ville se trouve dans l'hémisphère boréal, à 30 degrés de latitude, c'est dire qu'elle est située sur le parallèle qui indique ce degré.

Mais, avec ces premières divisions et subdivisions, on ne put pas déterminer à quel point du parallèle cette ville se trouvait. Pour y parvenir, on imagina de partager la sphère dans un sens opposé, par un grand cercle que l'on fit passer par les deux pôles, coupant l'équateur à angle droit, et de se préparer ainsi des moyens de subdivision.

La nature des choses ne déterminant pas le point d'intersection sur l'équateur, il s'agissait d'en fixer un de convention.

On s'attacha généralement au point que détermine, sur ce grand cercle, une ligne qui, en partant du pôle, traverse une petite île appelée l'île de Fer. En allant de ce point, d'occident en orient, on divisa l'équateur entier en 360 degrés, et ceux-ci en minutes et secondes.

En tirant des lignes d'un pôle à l'autre, par chacun des points que donne cette division, on eut ce qu'on appelle les *degrés de longitude* ou *méridiens*.

Tous les astronomes et géographes, ajoutai-je, ne comptent cependant pas toujours du méridien de l'île de Fer. Des géographes français, des géographes anglais, par exemple, prennent pour premier méridien celui qui passe par le principal observatoire de leur pays; mais, dans ce cas, ils ont soin de le faire remarquer, et ils comptent par longitudes orientale et occidentale, selon que le lieu qu'ils désignent se trouve à l'orient ou à l'occident de ce premier méridien.

Après n'avoir fait envisager à mes enfans les lignes mathématiques que comme un réseau duquel on imagine la terre couverte, je leur montrai le chemin que la terre parcourt autour du soleil, l'inclinaison constante de son axe, les différentes positions qu'elle présente aux différentes époques de l'année, etc.

Tout cela, ils le comprirent facilement et sans effort; car tout étoit réduit, soit à des idées sensibles, soit à de très-simples déductions de ces idées.

La sphère que j'avais choisie pour ces dernières démonstrations était petite [1]; j'avais

---

[1] J'aurais pu me servir d'une machine dite *Géographique*, composée exprès pour ces sortes de démonstrations; j'en avais même une très-belle à ma disposition, mais je craignais de leur faire voir trop de choses à la fois. L'enfant serait-il même capable de concevoir

introduit une petite broche à un des pôles, pour pouvoir promener facilement le globe en l'air; une lumière me servait de soleil; et, dès la première fois, mes enfans comprirent comment et pourquoi les jours sont plus longs en été et plus courts en hiver. Il ne me fut pas plus difficile de leur faire voir ce qui se passe entre les tropiques et aux pôles, et pourquoi nous distinguons ces différentes régions; car de petites pointes que j'avais plantées verticalement sur l'équateur, aux tropiques et aux cercles polaires, leur montraient, par la différence de la projection de leurs ombres aux différentes époques de l'année, ce qui se passe dans ces régions, et sous quelles circonstances le soleil apparaît aux habitans de ces contrées.

---

tous ces mouvemens simultanés, il serait nécessairement troublé dans son attention par le mécanisme très-compliqué qui les produit. Toutes ces roues qui s'engrènent et tournent en tous sens, les unes marchant vite, les autres lentement, le captivent bien plus que ce qu'on veut lui montrer. Il ne comprend rien, et finit par avoir vu un instrument qu'il regarderait comme un joujou magnifique, si on voulait bien le mettre à sa disposition.

Ici se présente naturellement l'occasion d'étendre leurs idées incomplètes sur les parallèles et les méridiens, de leur faire trouver l'heure qu'il est dans un lieu quelconque, lorsqu'il est midi dans tout autre; comment, connoissant l'heure qu'au même instant il est dans un lieu quelconque, lorsqu'il est telle heure dans un autre, on peut déterminer combien il se trouve de degrés de longitude orientale ou occidentale entre ces deux lieux, etc., etc. Ils le comprirent parfaitement, ce qui aurait été vraisemblablement impossible sans mes instructions préliminaires, et sans l'usage d'objets qui parlaient à leurs yeux.

Les parois de la chambre représentaient le ciel; l'axe de la terre conservant toujours sa direction, je leur fis observer au plafond le pôle boréal céleste, m'engageant à leur faire voir dans le ciel même l'étoile qui y répond. Quelques tableaux et feuilles de papier attachés aux murs représentaient des constellations; ils comprirent sur-le-champ ce que veut dire le soleil est entré dans le bélier, la balance, etc., etc. Leur faisant observer un clou dans le mur, comme une étoile fixe, et portant la terre dans ce point de son orbite où cette étoile passait au même instant que le soleil par le méridien, ils trouvèrent tout naturel que cette même étoile passât six mois plus tard, non à midi, mais à minuit, par le méridien du même lieu, etc., etc. [1].

Quoique je n'eusse pas pour but de leur faire faire déjà un cours d'astronomie, et qu'il m'importait seulement qu'ils pussent se retrouver sur une carte géographique, je ne manquai pas l'occasion de leur faire faire une observation de plus, chaque fois que je pus le

---

[1] Pour qu'on puisse facilement répéter ces mêmes démonstrations, j'ai fait établir une machine très-simple et sans rouage.

Une bougie, dont la flamme reste constamment à la place voulue, représente le soleil, et éclaire une sphère terrestre qui, en imitant la révolution annuelle de la terre, présente toutes les positions dans lesquelles celle-ci se trouve aux équinoxes et aux solstices, et démontre ainsi les phénomènes des saisons. Les petites pointes dont j'ai parlé plus haut servent de même à faire voir ce qui se passe dans les différentes zones de la terre. Cette machine explique en général tous les phénomènes dont j'ai fait mention ci-dessus. *Elle se vend* 15 fr., *et se trouve chez l'auteur et chez Saint-Maurice Cabany, rue Neuve-des-Petits-Champs, n.*° 1.

faire sans risquer de n'être pas compris : c'étaient autant de pierres d'attente qui devaient un jour faciliter le travail.

J'eus grand soin de ne jamais me servir d'un mot auquel ils ne pouvaient attacher aucune idée claire ; ce n'est que lorsqu'ils connurent bien, par exemple, le chemin que parcourt la terre autour du soleil, que je prononçai le mot *orbite*, etc., etc.

M'étant assuré que mes enfans connaissaient bien les phénomènes que j'avais voulu leur faire connaître, qu'ils étaient en état de m'en rendre compte, je pensai que je pouvais leur faire étudier la forme et l'étendue des terres et des mers de notre globe. J'y serais parvenu facilement si j'avais pu me procurer sans très-grande peine une sphère peinte en noir. Sur ce globe couvert des lignes mathématiques qu'ils connaissaient, je leur aurais fait tracer, d'après un autre globe, cette étendue et cette forme. Mais un tel procédé présentant dans l'exécution des inconvéniens assez graves, je leur montrai de suite une mappemonde ; et, après leur avoir expliqué ce que nous voulons représenter sous cette forme, afin d'être sûr qu'ils n'attachaient pas d'idées fausses à une figure aussi incorrecte et imparfaite, je leur mis sous les yeux des feuilles de papier sur lesquelles j'avois tracé toutes les lignes mathématiques nécessaires à cette sorte de projection, engageant les enfans à y tracer avec un crayon les limites des terres qu'ils apercevaient, soit sur la mappemonde, soit sur la sphère même.

Pour dire toute la vérité, je dois faire observer que j'avais commencé par faire faire de grands tableaux peints en noir; que j'y avais tracé, avec de la couleur blanche, résistante aux coups d'éponge, les différentes projections dont j'avais besoin, et que je faisais faire à mes élèves des copies au crayon blanc. Un même tableau devait me servir long-temps; mais, quelque soin que j'eusse pris pour avoir des crayons bien tendres, mon tableau fut bientôt rayé. Le crayon passant toujours sur les mêmes endroits, il en restait des traces, et je n'étais plus sûr de l'application de mes enfans. Je me vis donc forcé d'abandonner un moyen aussi simple, pour ne pas perdre tout le fruit que j'attendais de cette méthode, et je me décidai pour les copies exécutées sur papier.

Ils y prirent goût, car ce canevas rend l'imitation extraordinairement facile; et comme le nom des lieux qu'ils figuraient se présentait en même temps que la forme, j'eus la satisfaction de voir qu'à un second exercice ils connaissaient déjà, de manière à ne jamais l'oublier, la place et le nom de pays dont ils n'avaient vraisemblablement pas encore entendu parler.

Sur les cartes qui servaient de modèles, je n'avais représenté que ce dont je voulais qu'ils prissent connaissance, afin de ne pas les distraire par trop de détails.

Je ne leur demandais que la forme extérieure des terres, ne leur parlant même pas des noms qui se trouvaient sur la carte; certain qu'ils les les apprendraient sans s'en douter, et que je leur donnerais ainsi le plaisir de recevoir des éloges pour une chose qui ne leur aurait coûté aucune peine. Quiconque connaît les enfans sait combien cela leur inspire de confiance, et les engage à travailler. Ceux même qui n'avaient aucune teinture du dessin (il y avait des enfans de huit à neuf ans), s'en tiraient tout aussi bien que les autres.

Pendant qu'ils copiaient de leur mieux, car

ils aimaient beaucoup cette occupation, je les engageais fortement à bien faire attention aux degrés de longitude et de latitude entre lesquels les terres sont situées, afin de pouvoir les tracer de souvenir, et je leur disais qu'aussitôt qu'ils seraient capables de le faire sans erreur grossière, je leur donnerais des couleurs et des pinceaux pour faire des cartes semblables aux modèles. Cela devint un vrai prix d'encouragement, et j'eus le plaisir de voir que leur ardeur était loin de diminuer.

Après que chacun avait fait quelques copies, je retirais le modèle aussitôt que le trait était terminé, et je leur demandais les noms des terres, mers, îles, caps, etc., pour m'assurer qu'ils connaissaient bien ce qu'ils venaient de faire. Quiconque aurait assisté à un tel examen, aurait été étonné de la promptitude et de l'assurance des réponses de la part d'enfans si jeunes, et occupés depuis si peu de temps de l'étude de la géographie.

Aussitôt qu'un enfant se sent un peu fort, comme il aime naturellement à faire preuve de son savoir, il demande à tracer une carte de mémoire. Il faut le satisfaire, dût-il se trouver arrêté au bout des trois ou quatre premiers traits : s'il est obligé de revenir au modèle, on peut être sûr qu'il n'oubliera plus le point qui l'aura arrêté.

J'ai vu alors que chaque enfant se faisait une petite méthode particulière; qu'il commençait toujours par déterminer quelques points qui l'avaient sans doute le plus frappé, et que souvent il déterminait, à l'aide du raisonnement et de quelques souvenirs, les lieux qu'il n'aurait pu déterminer d'abord.

Cette observation me prouvait que mes élèves raisonnaient, et que cet exercice perfectionnait leur intelligence. J'en éprouvais le plus grand plaisir, persuadé que, dans l'éducation première, il s'agit bien plus d'exercer le jugement des enfans et de les mettre à même de savoir comment il faut s'y prendre pour acquérir un jour une véritable instruction, que d'en faire de prétendus petits savans qui sont destinés à ne jamais rien savoir.

Je leur faisais toujours confronter leurs dessins avec l'original, et je les obligeais à en corriger *eux-mêmes* les défauts.

Quand ils eurent bien connu la forme et la position de chacune des cinq parties du monde,

2*

et que je leur eus donné, pendant qu'ils étaient occupés de chacune d'elles, quelques notions générales sur le sol, le climat, les différentes espèces d'hommes qui les habitent, etc., je passai à la carte de l'Europe, en suivant toujours la même méthode, et en m'étendant davantage sur les particularités qui se rapportent aux pays qui la composent. Je choisissais toujours les traits les plus saillans, et ne leur parlais jamais que de choses à leur portée et capables de les intéresser, me réservant, au moment où nous ferions des cartes spéciales, d'ajouter de nouveaux détails, soit dans les conversations, soit par des lectures qui doivent toujours être appropriées à l'âge. Mon but était, je le répète, plutôt de les préparer à étudier un jour la géographie physique, historique et politique avec facilité et succès, que de les en instruire d'abord.

Je m'occupai ensuite de la France dont ils connaissaient la place et la situation par rapport à tous les pays de la terre, et c'est ici que j'eus particulièrement à me louer de la méthode que j'avais suivie. Ce grand nombre de départemens qui fait le tourment de beaucoup d'enfans, parce qu'on exige d'eux qu'ils sachent les réciter de suite, bien qu'ils les connaissent rarement assez pour ne pas faire de grosses erreurs, pour peu qu'on intervertisse l'ordre établi dans les livres, mes enfans les connaissaient bientôt tellement, et de nom et de figure, qu'ils étaient en état d'en indiquer la situation, et les contours dans le creux de leur main à défaut de leurs cartes ordinaires.

A cette occasion j'eus lieu d'observer que les enfans qui n'avaient jamais entendu parler de livre de géographie, et qui par conséquent n'avaient appris les noms des pays qu'en les traçant sur la carte, avaient un grand avantage sur les autres, c'était de ne jamais prononcer un de ces noms par pure routine et sans y rattacher sur-le-champ quelque souvenir de situation, de forme ou de quelques circonstances accessoires.

A peine les enfans avaient-ils dessiné trois ou quatre fois les limites de la France, déjà vue en masse, dans la mappemonde et sur la carte de l'Europe, que déjà ils avaient fait le peu de remarques nécessaires pour tracer ces mêmes limites par cœur. Effectivement ayant observé, dès la première fois, que, pour tracer l'étendue de la France, il suffisait de se rappeler à quel endroit le méridien de Paris sort de ses limites au nord et au midi; qu'il faut ensuite compter sur la parallèle de Paris sept degrés à gauche pour aller à l'extrémité du Finistère, et presque six à droite pour aller à celle du Bas-Rhin, il ne s'agissait plus que de se souvenir de quelques points qu'on pourrait appeler de détail, pour déterminer la forme et l'étendue de la France. L'image fut comme intuitive; ils la connaissaient comme les allées du jardin dans lequel ils jouaient sans l'avoir jamais étudiée.

La forme extérieure de la France étant bien connue d'eux, je leur faisais dessiner sur ces premières cartes les fleuves, rivières et montagnes qui donnent le nom à la plupart des départemens, et enfin les départemens eux-mêmes dont ils apprirent à connaître en même temps et le nom et le chef-lieu. De cette manière, l'étude postérieure étant pour ainsi dire entée sur la précédente, elle était toujours facile, elle rappelait toujours ce qu'on savait déjà, et les impressions en devenaient ineffaçables.

Si je leur demandais la longitude et la latitude de Bordeaux, par exemple, ils ne le savaient pas; mais leur laissant le temps d'établir sur une feuille de papier, ou dans l'imagination seulement, les côtes de l'Océan, ils me répondaient aussitôt que Bordeaux devait être situé près du troisième degré de longitude occidentale et du quarante-cinquième de latitude septentrionale.

Combien de gens qui se sont long-temps occupés de géographie, je ne parle pas des géographes de profession, seraient satisfaits de pouvoir s'orienter aussi promptement et aussi facilement!

Les uns et les autres reconnaîtront, j'espère, la simplicité et l'excellence d'une méthode qui, sans exiger beaucoup de peine ni de temps, laisse cependant des impressions assez fortes pour se reproduire avec une semblable précision. C'est que, toutes les fois qu'il est question d'un lieu, l'image de la position sur la carte est nécessairement rappelée à la mémoire, et qu'on n'oublie pas ce qu'on voit toujours.

Il serait sans doute superflu de m'étendre

davantage sur les détails de ce petit cours d'étude.

Tous ceux qui sentiront comment et jusqu'à quel point cette méthode est conforme aux lois de notre entendement, la commenteront facilement, la corrigeront et en tireront des avantages plus grands que je ne l'ai fait moi-même.

Ce que j'ai dit de la France peut s'appliquer à tous les pays ; et, lorsqu'on voudra entrer plus tard dans une étude plus profonde et plus détaillée, on pourra sans risque se servir des cartes dressées par nos meilleurs géographes. Cette grande quantité de noms et d'indications qui les surchargent ne sauraient plus causer de confusion dans les idées. Cependant le meilleur moyen serait encore de faire porter sur une carte dessinée par l'élève tous les lieux qu'il ne connaîtrait pas, à mesure qu'il s'en occuperait.

Si une marche aussi simple n'a pas été suivie depuis long-temps, c'est sans doute parce qu'il y avait quelque difficulté pour les maîtres à préparer le travail. Il faut que celui qui veut enseigner ait quelques connaissances de la théorie de la projection des cartes ; il faut qu'il ait les instrumens nécessaires pour établir de grandes courbes, et avec tout cela il lui faudrait encore deux et trois fois plus de temps pour disposer les canevas que les enfans n'en mettraient à les barbouiller.

Encouragé par plusieurs personnes qui avaient été témoins des progrès de mes enfans et qui désiraient suivre la même route, j'ai cru faire une chose utile en publiant des cartes de moyenne grandeur, lesquelles indiquent successivement ce que l'enfant peut et doit apprendre par la pratique, en allant toujours du simple au composé. J'ai joint à ces cartes des feuilles couvertes des mêmes lignes mathématiques, qui présentent les canevas des copies qu'il devra exécuter en suivant les procédés que j'ai indiqués.

Dans un premier cahier j'offre cinq cartes, deux pour la mappemonde, une pour l'Europe, et deux pour la France, dont une pour la partie physique et une pour la division en départemens.

Dans les cahiers suivans je donnerai la France avec ses anciennes provinces et les grands états de l'Europe, les quatre autres parties du monde et quelques cartes pour servir à l'histoire sacrée et profane.

Je regarde ces dernières cartes comme d'une grande utilité pour les jeunes gens qui, en étudiant les classiques grecs et latins, rencontrent à chaque instant des faits qui auraient bien plus d'intérêt pour eux s'ils pouvaient toujours se faire une idée exacte de la position des lieux où ils se sont passés. La mémoire des images aide alors pour eux le travail de l'intelligence; les idées s'associent et s'enchaînent, et elles servent réciproquement à se réveiller.

C'est parce qu'on néglige complétement dans nos colléges cette étude et celle de la chronologie, que des jeunes gens portent successivement leur attention sur presque tous les faits dont se compose l'histoire ancienne, sans acquérir une connaissance même légère de cette histoire.

Quoique j'aie réuni les cartes en cahiers, on est cependant libre de les acheter séparément et de prendre les feuilles qui doivent servir pour les copies, en tel nombre qu'on voudra.

J'en ai fait tirer sur papier vélin pour les personnes qui pourraient le désirer, et particulièrement pour les enfans qui, après avoir étudié avec succès, voudraient terminer avec soin quelques cartes, soit pour en faire hommage à leurs parens, soit pour en former un petit atlas, qui, à tout âge, serait pour eux un souvenir agréable de leurs premières études.

J'ai fait graver les cartes qui doivent servir de modèles de manière à ressembler à des cartes dessinées et écrites à la main. L'imitation en sera plus facile, et l'élève connaîtra d'avance l'effet que produira son ouvrage, s'il l'exécute avec application. Ce sera même pour lui une leçon d'écriture, car ordinairement les enfans mettent un soin extrême à ne pas déparer un ouvrage qui flatte leur amour-propre.

Le modèle étant de la même grandeur que les canevas, il est facile de se servir du compas chaque fois qu'il y a doute sur la place rigoureuse d'un point.

Sur les canevas destinés à l'imitation de la mappemonde, je n'ai point numéroté les méridiens, laissant ce soin aux maîtres ou parens qui pourraient désirer de faire dessiner les bassins entiers du grand Océan et de l'Océan atlantique, comme je le faisais faire, afin que les enfans jugent mieux des distances qui séparent les deux mondes.

FIN.

ANCIEN CONTINENT

Hirsch, Rue Notre-Dame de Nazareth, N.° 29, à Paris.

NOUVEAU CONTINENT

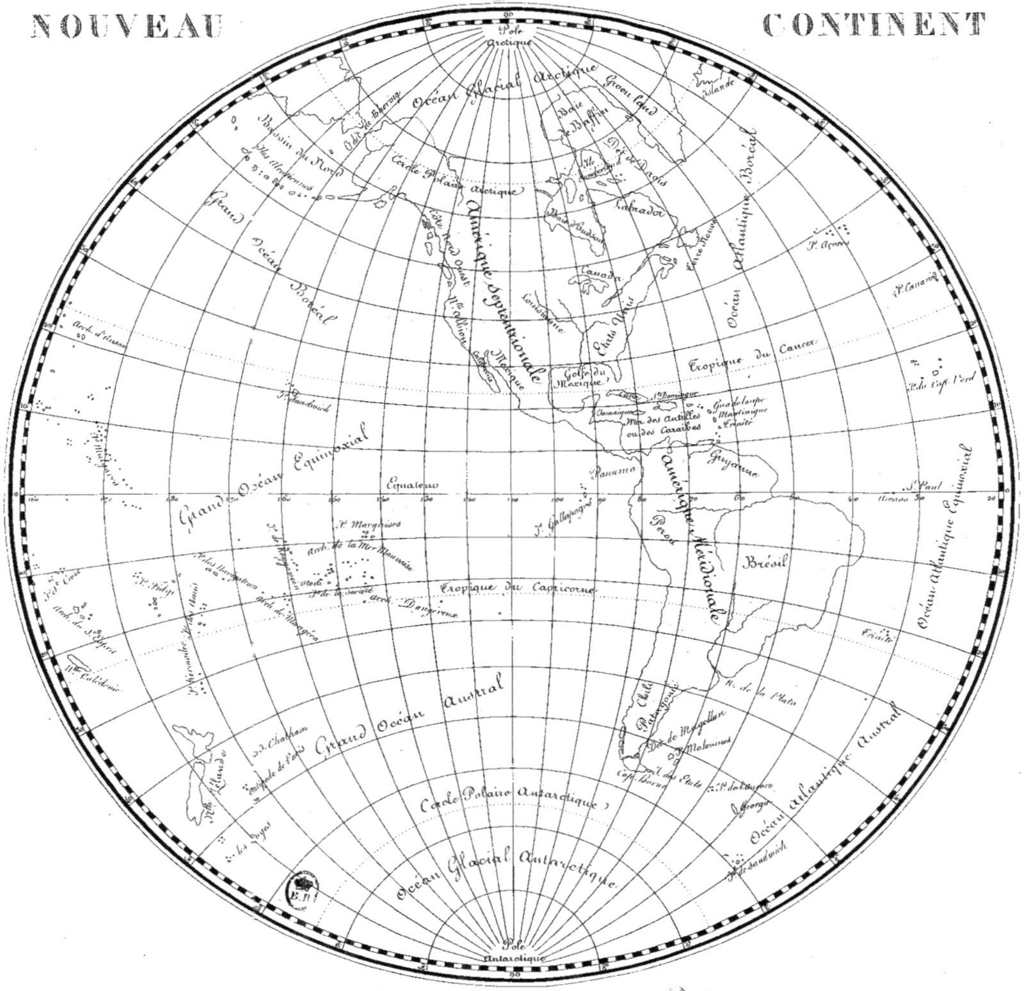

Pole Arctique
Océan Glacial Arctique
Groenland
Islande
Baie de Baffin
Dét. de Davis
Labrador
Baie d'Hudson
Canada
Etats Unis
Louisiane
Cercle Polaire Arctique
Amérique Septentrionale
Bassin du Nord
Iles Aleoutiennes
Grand Océan Boréal
Océan Atlantique Boréal
Terre Neuve
I.s Açores
I.s Canaries
I.s du Cap Verd
Tropique du Cancer
Golfe du Mexique
Mexique
Californie
S.t Domingue
Jamaïque
Mer des Antilles ou des Caraïbes
Guadeloupe
Martinique
Trinité
Guyane
Panama
Equateur
S.t Paul
Grand Océan Equinoxial
Amérique Méridionale
Perou
Brésil
I.s Marquises
Arch. de la Mer Mauvaise
I.s de la Société
Arch. Dangereux
Tropique du Capricorne
Océan Atlantique Equinoxial
Trinité
R. de la Plata
Chili
Patagonie
Dét. de Magellan
Malouines
Cap Horn
Grand Océan Austral
I. Chatham
Océan Atlantique Austral
Cercle Polaire Antarctique
Océan Glacial Antarctique
Pole Antarctique
N.lle Calédonie
N.lle Zélande

Hirsch, Rue Notre-Dame de Nazareth, N.° 19, à Paris.

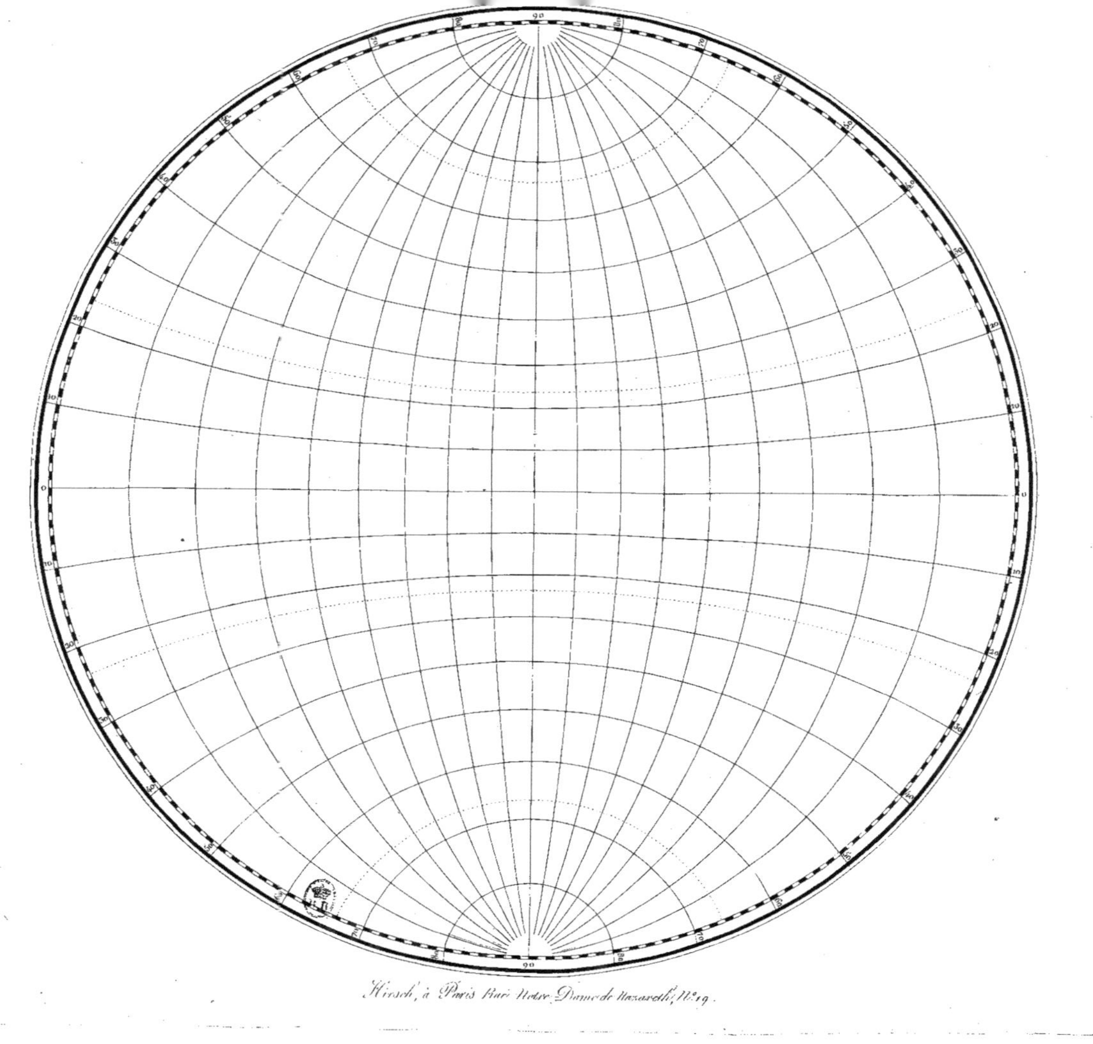

Hirsch, à Paris Rue Notre-Dame de Nazareth, N°19.

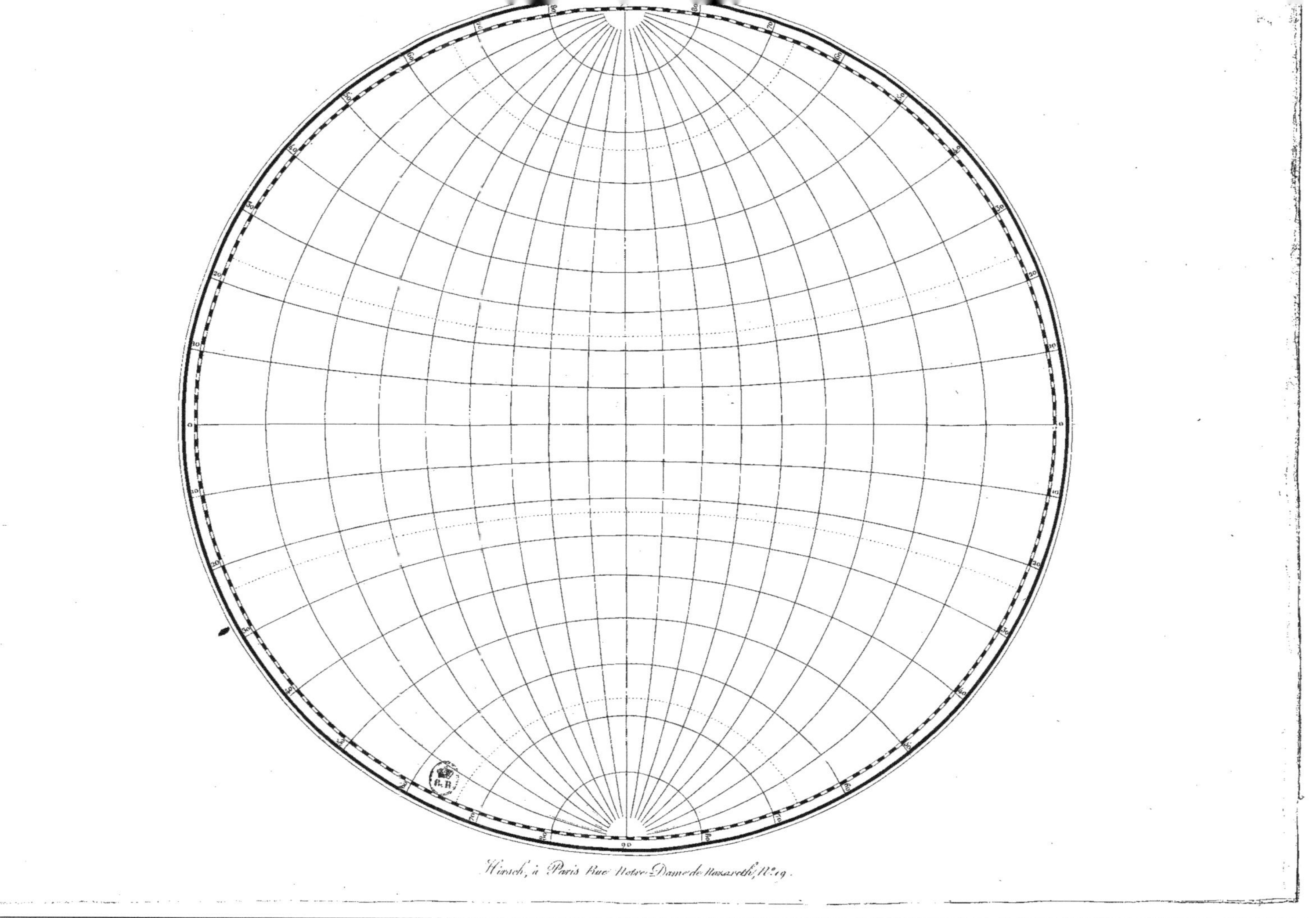
Hirsch, à Paris Rue Notre-Dame de Nazareth, N.° 19.

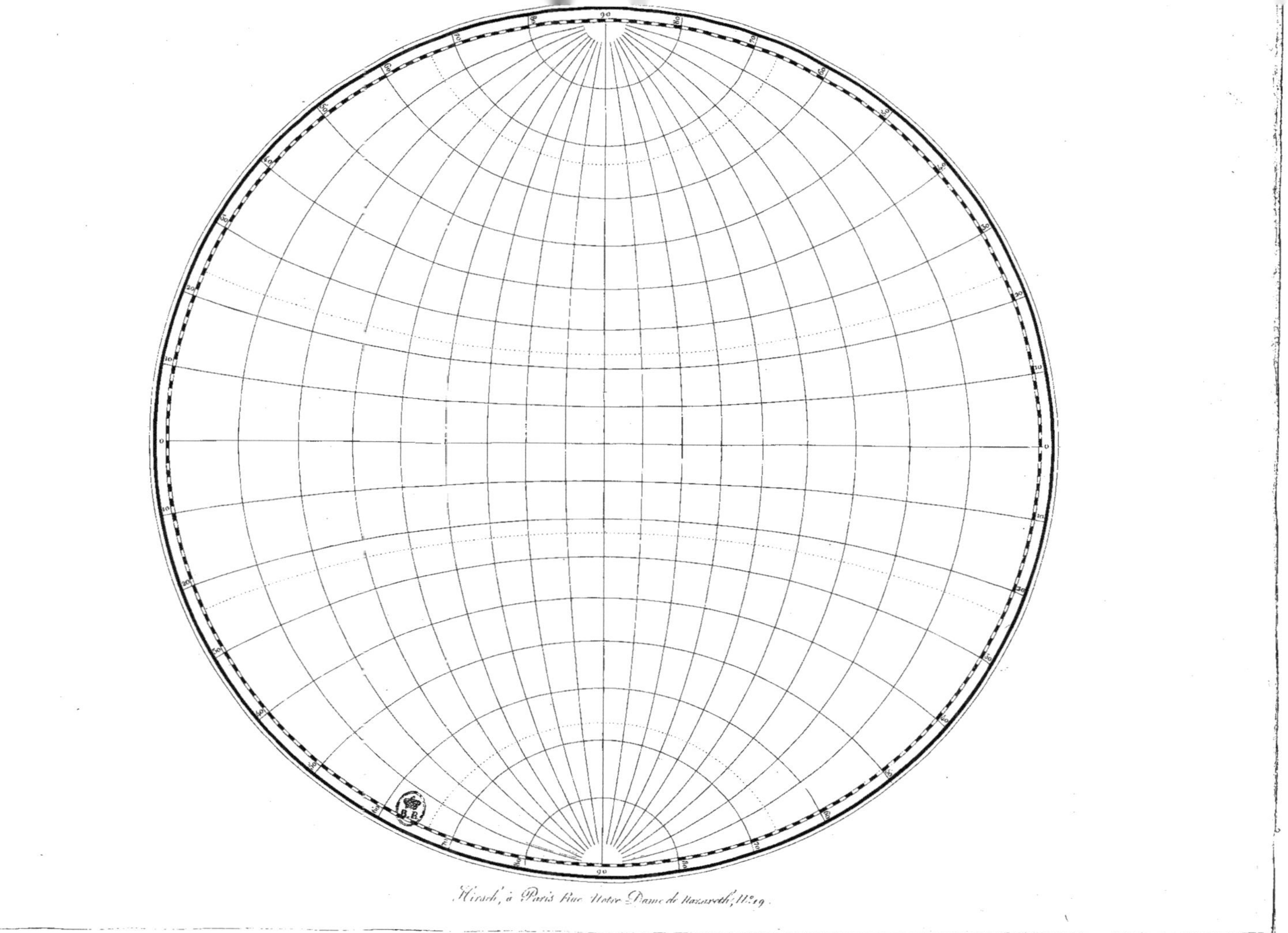

Hirsch, à Paris Rue Notre Dame de Nazareth, N.° 19.

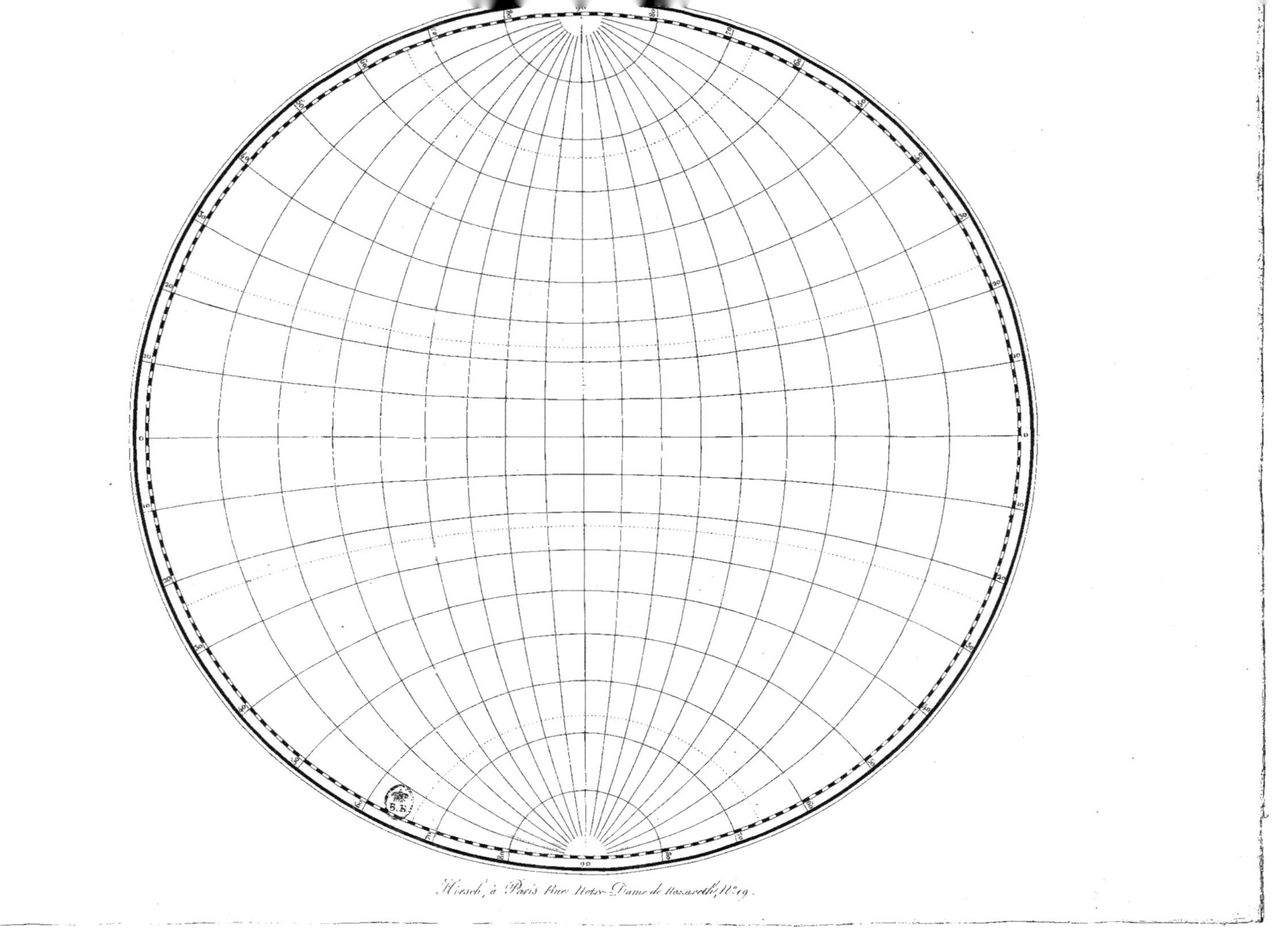

Hirsch, à Paris Rue Notre-Dame de Nazareth, N.° 19.

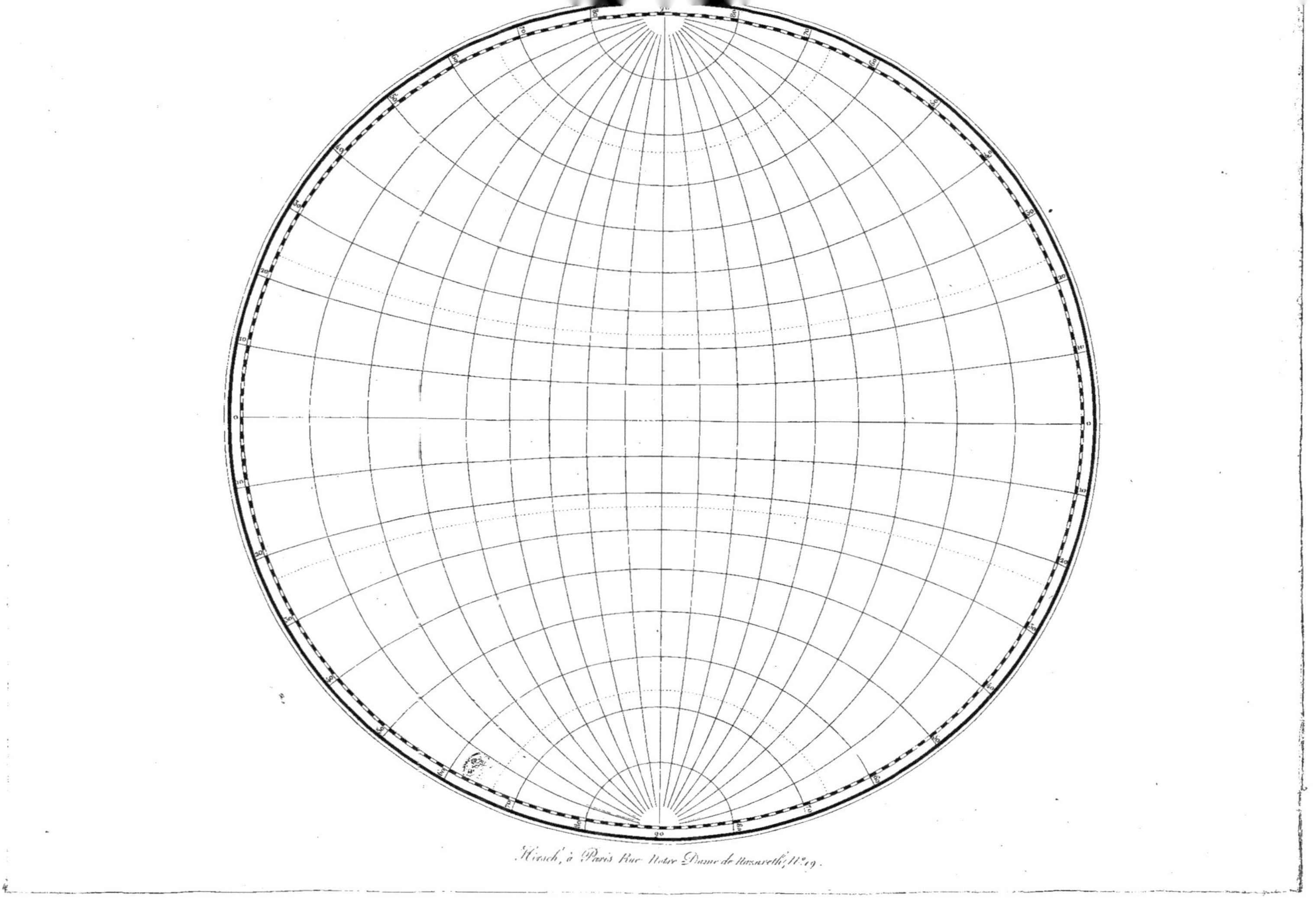
Hirsch, à Paris Rue Notre Dame de Nazareth, N.° 19.

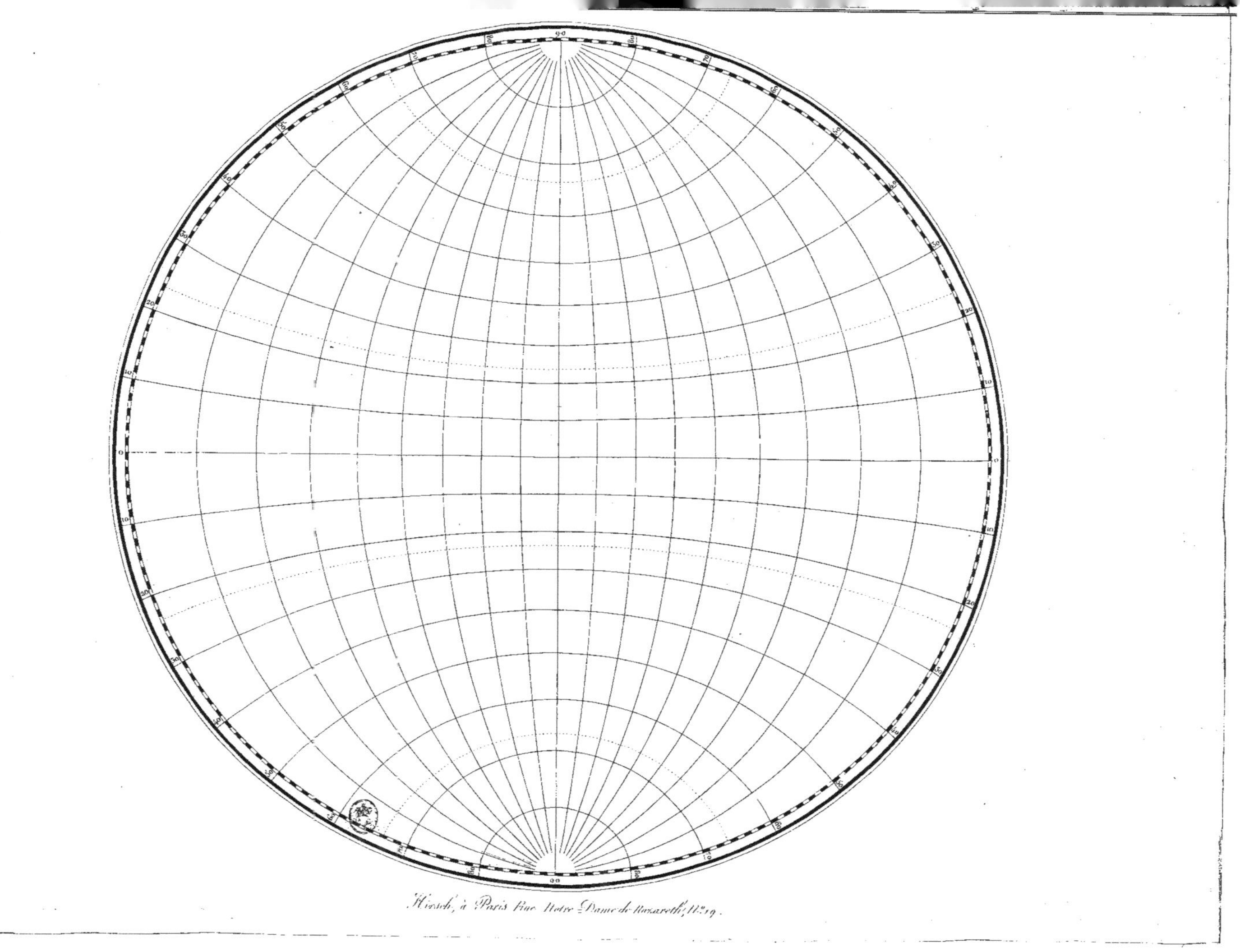

Hirsch, à Paris Rue Notre-Dame de Nazareth, N°. 19.

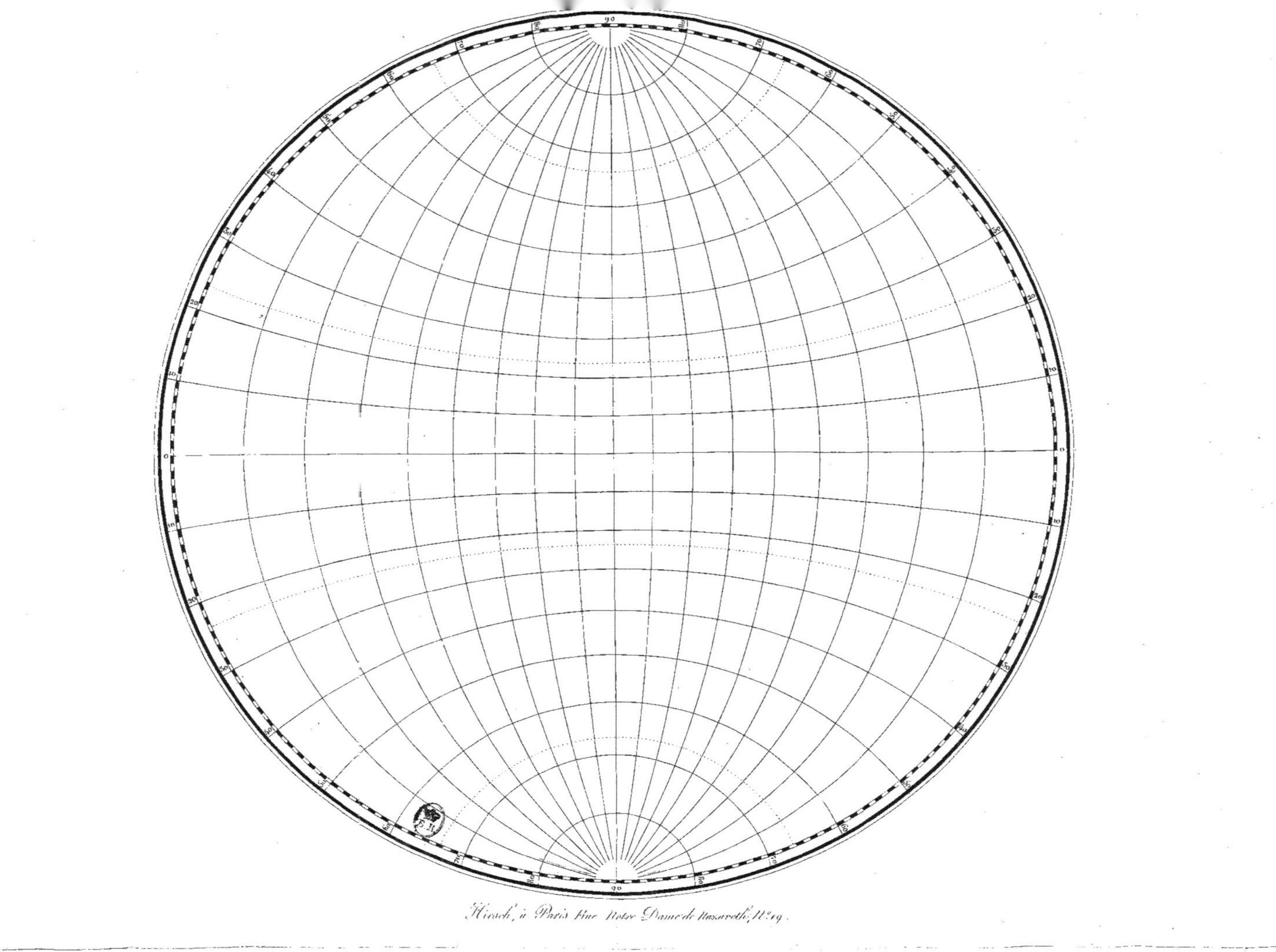
Hirsch, à Paris Rue Notre Dame de Nazareth, N° 19.

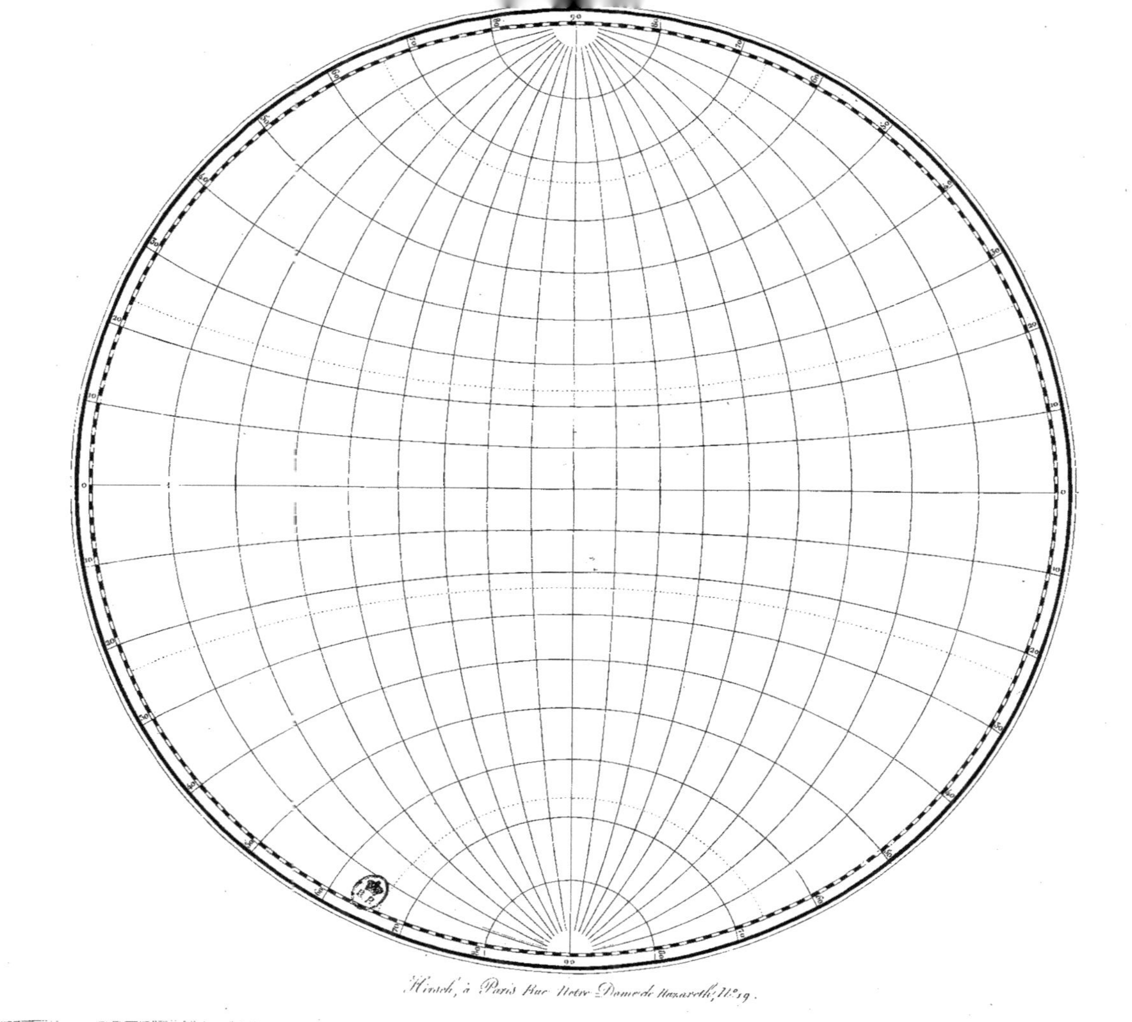

Hirsch, à Paris Rue Notre-Dame de Nazareth, N.° 19.

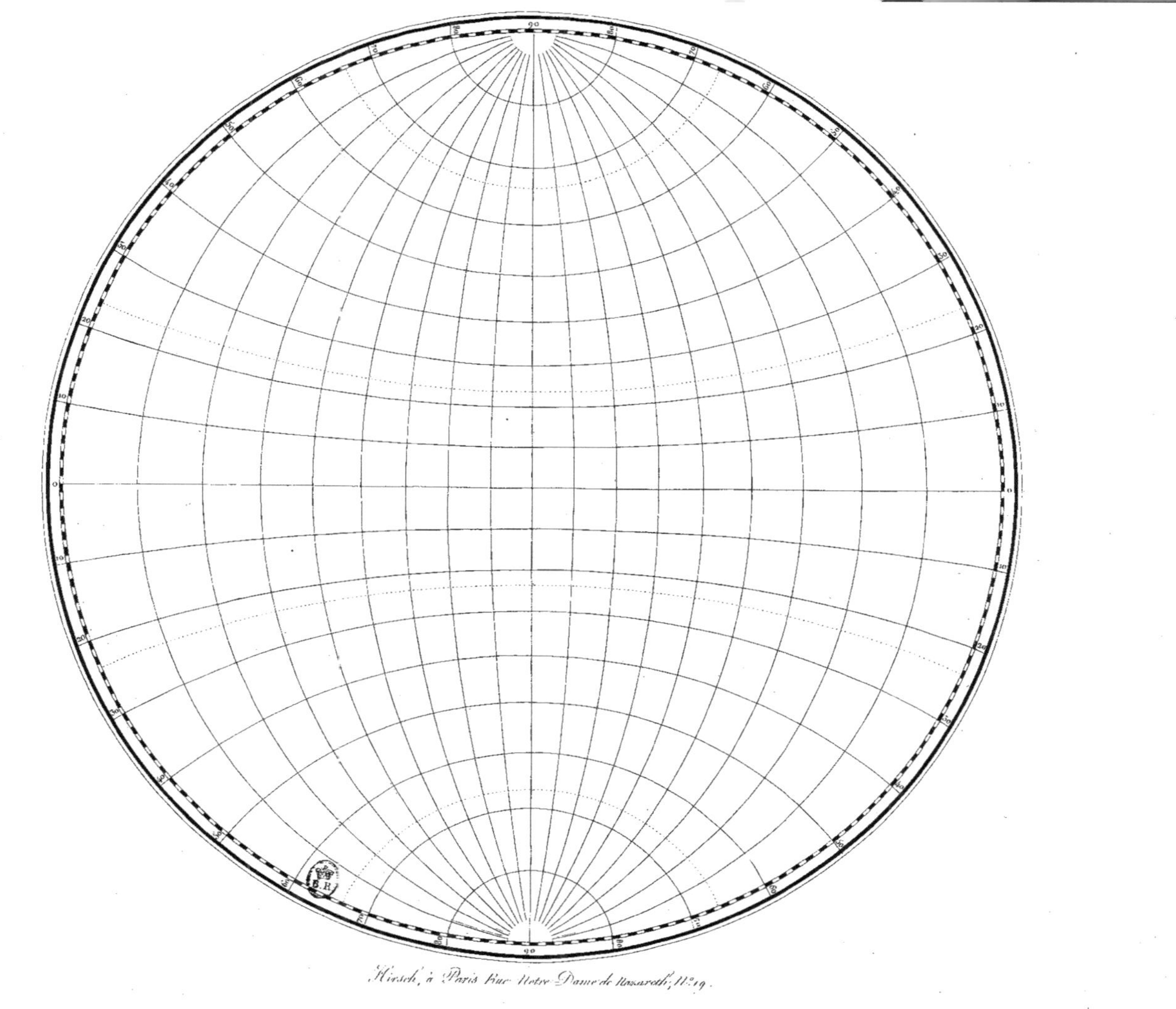

Hirsch, à Paris Rue Notre-Dame de Nazareth, N.° 19.

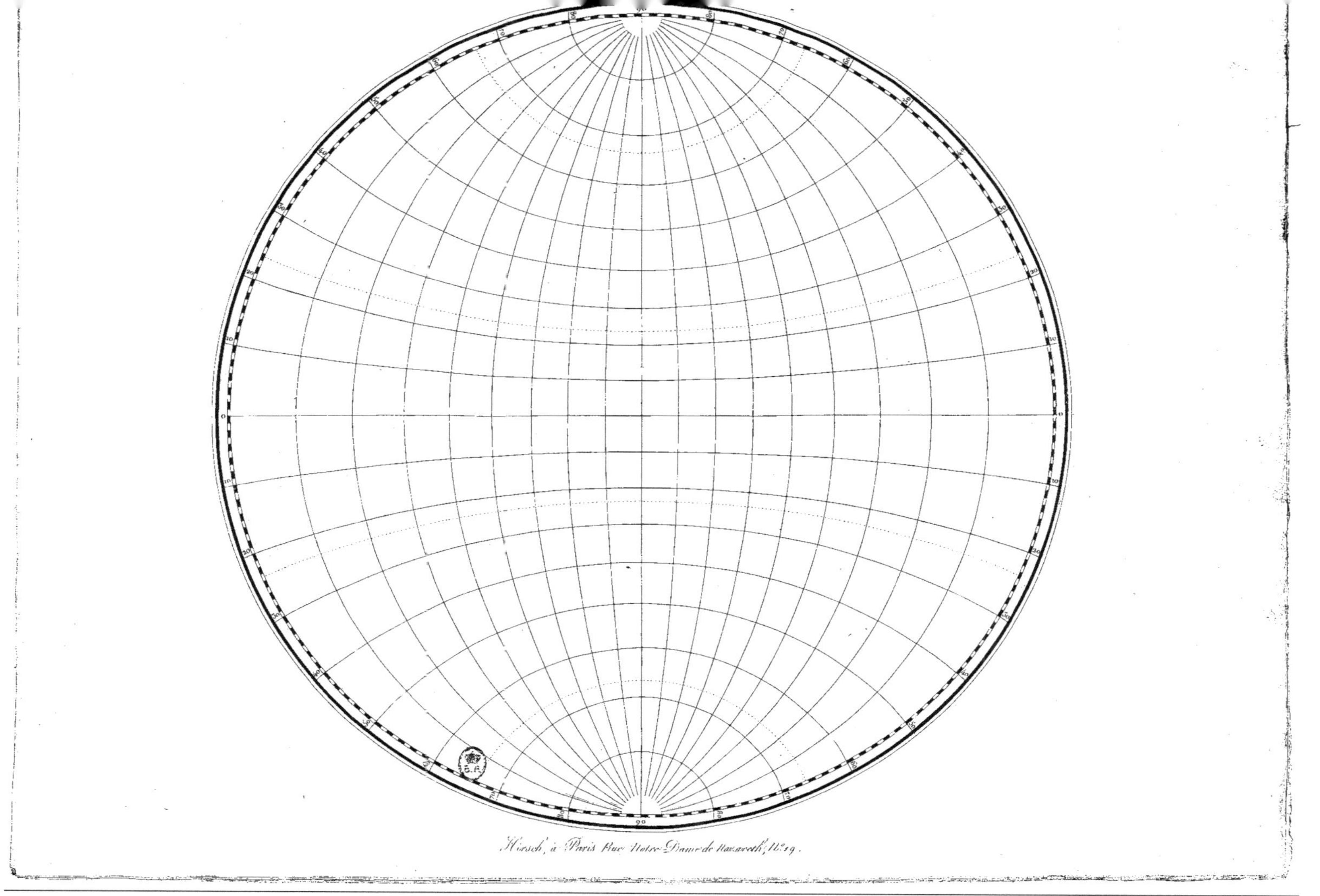

Hirsch, à Paris Rue Notre-Dame de Nazareth, N.º 19.

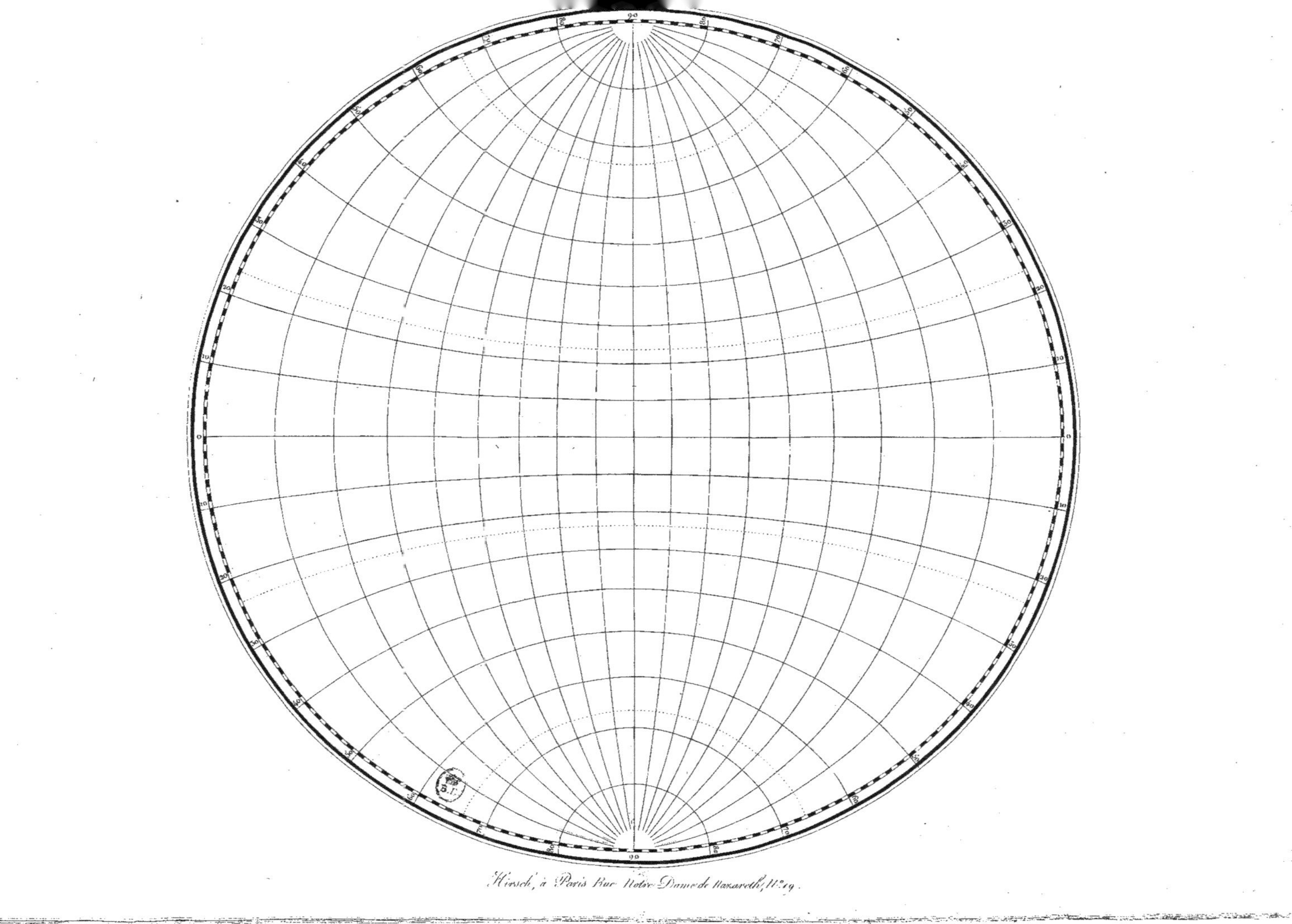
Hirsch, à Paris Rue Notre-Dame de Nazareth, N° 19.

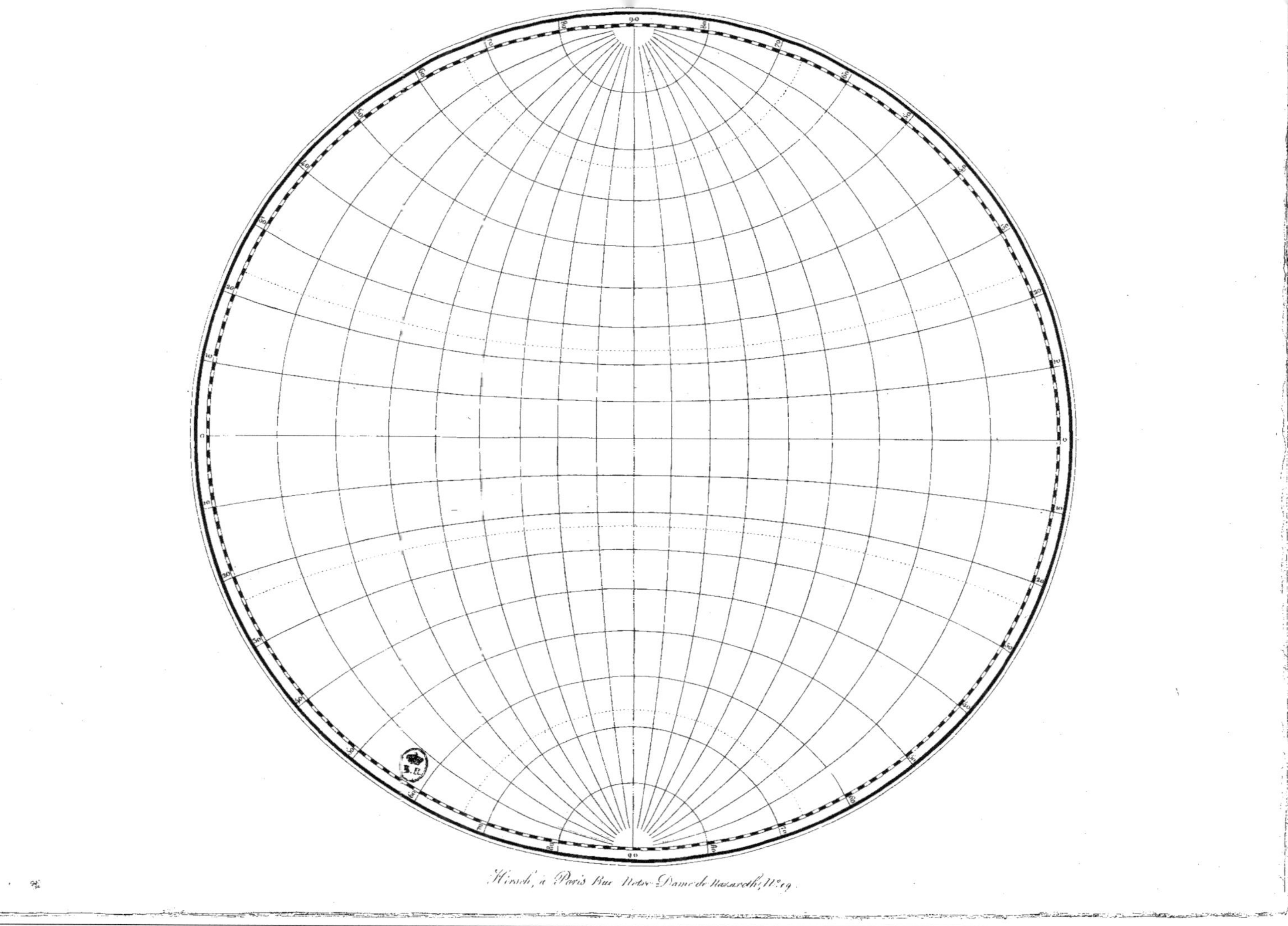

Hirsch, à Paris Rue Notre-Dame de Nazareth, N° 19.

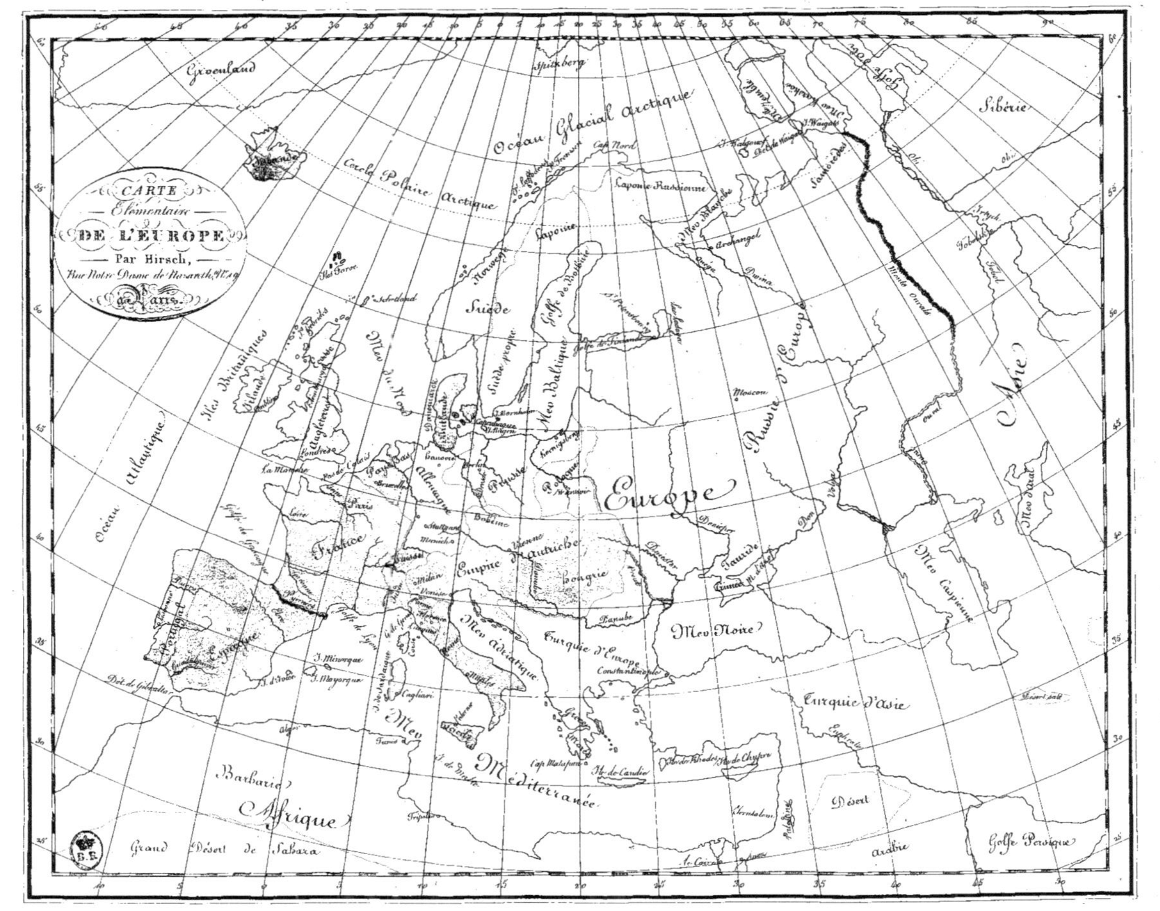
CARTE
Élémentaire
DE L'EUROPE
Par Hirsch,
Paris.
Groenland
Spitzberg
Océan Glacial Arctique
Cercle Polaire Arctique
Sibérie
Laponie Russienne
Archangel
Norwège
Suède
Golfe de Bothnie
Mer Baltique
Mer du Nord
Iles Britanniques
Irlande
Angleterre
Londres
Océan Atlantique
Golfe de Gascogne
France
Paris
Allemagne
Prusse
Pologne
Europe
Russie d'Europe
Moscou
Asie
Mer Caspienne
Mer Noire
Empire d'Autriche
Hongrie
Danube
Turquie d'Europe
Constantinople
Turquie d'Asie
Mer Adriatique
Espagne
Portugal
Golfe de Lyon
Mer Méditerranée
Barbarie
Afrique
Grand Désert de Sahara
Désert
Arabie
Golfe Persique

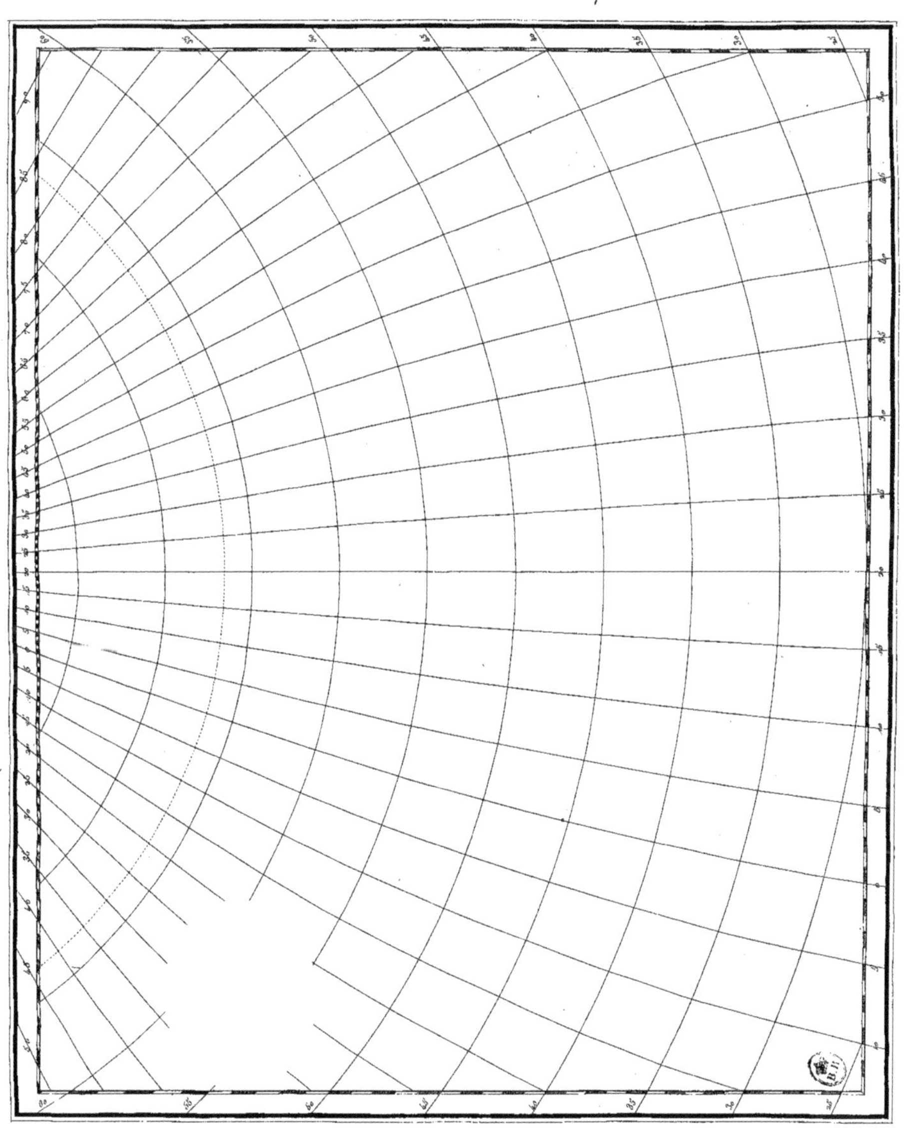

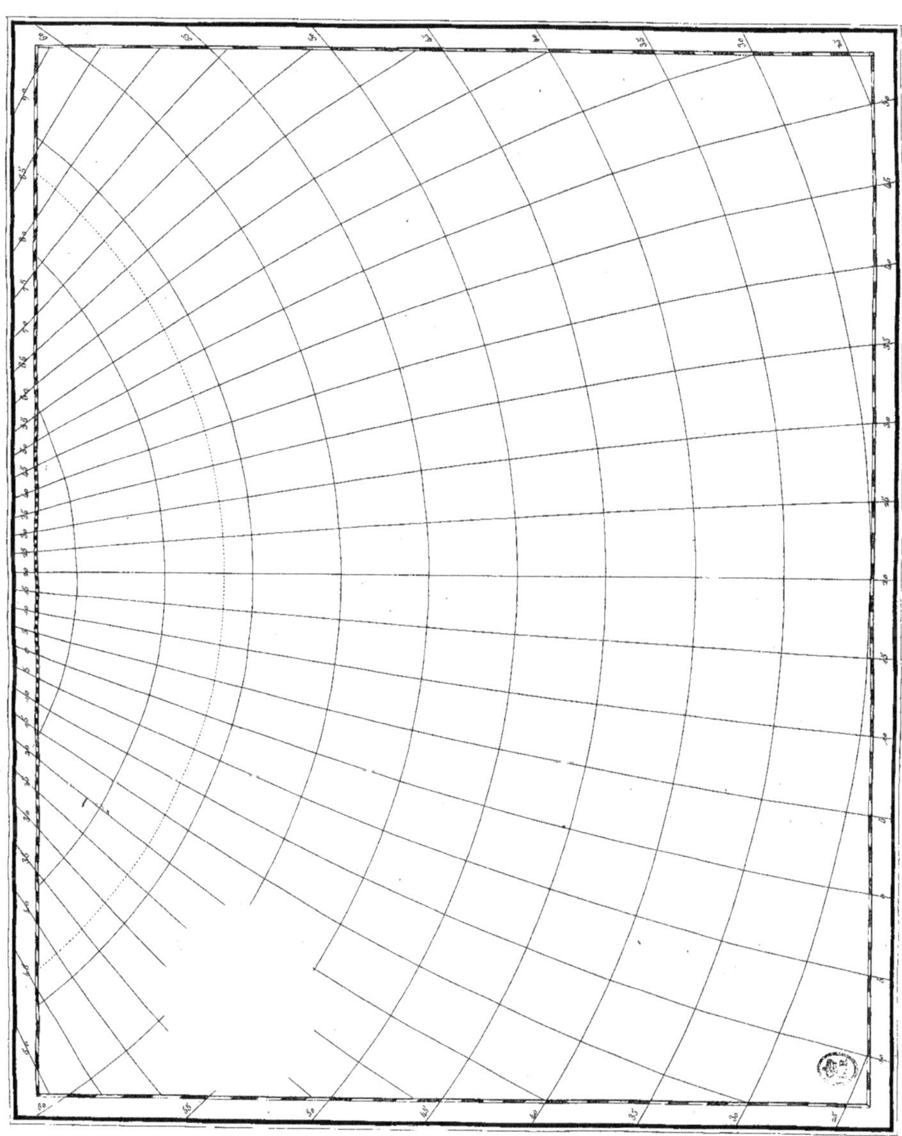

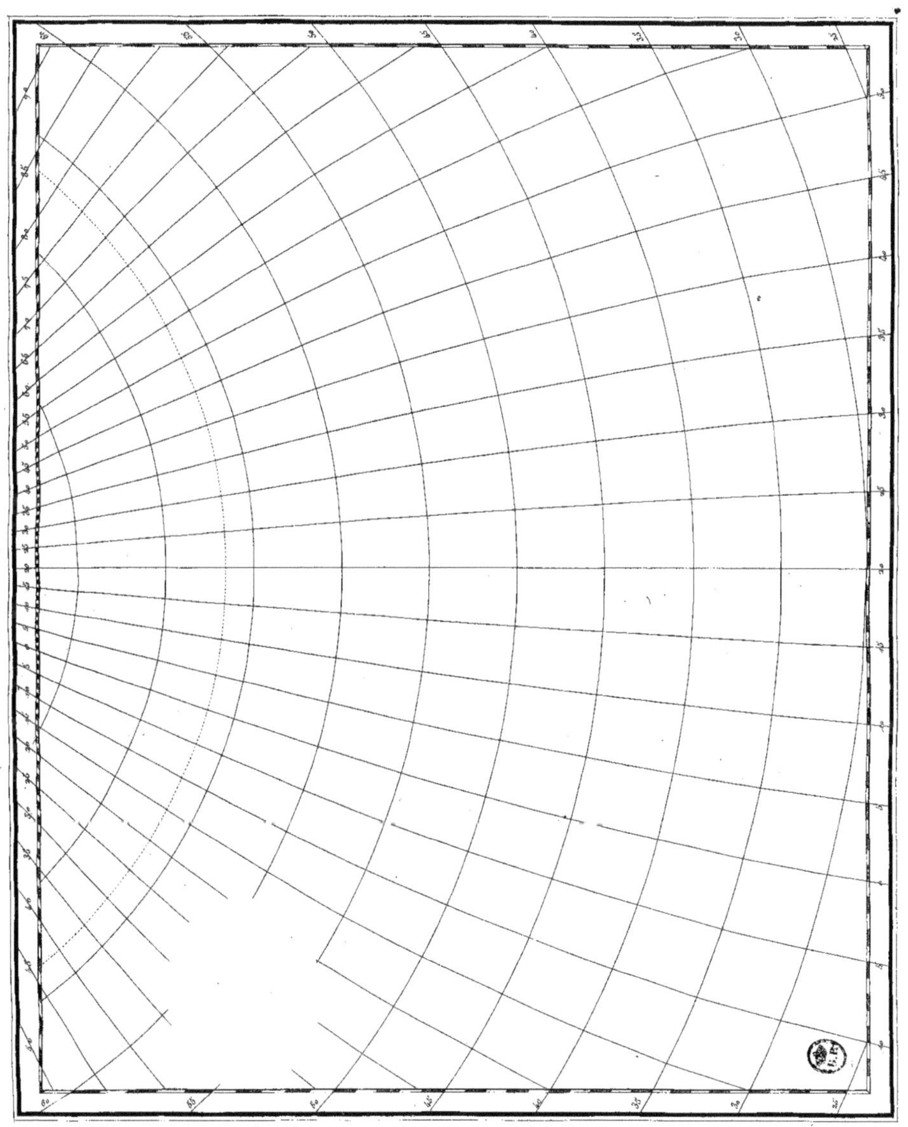

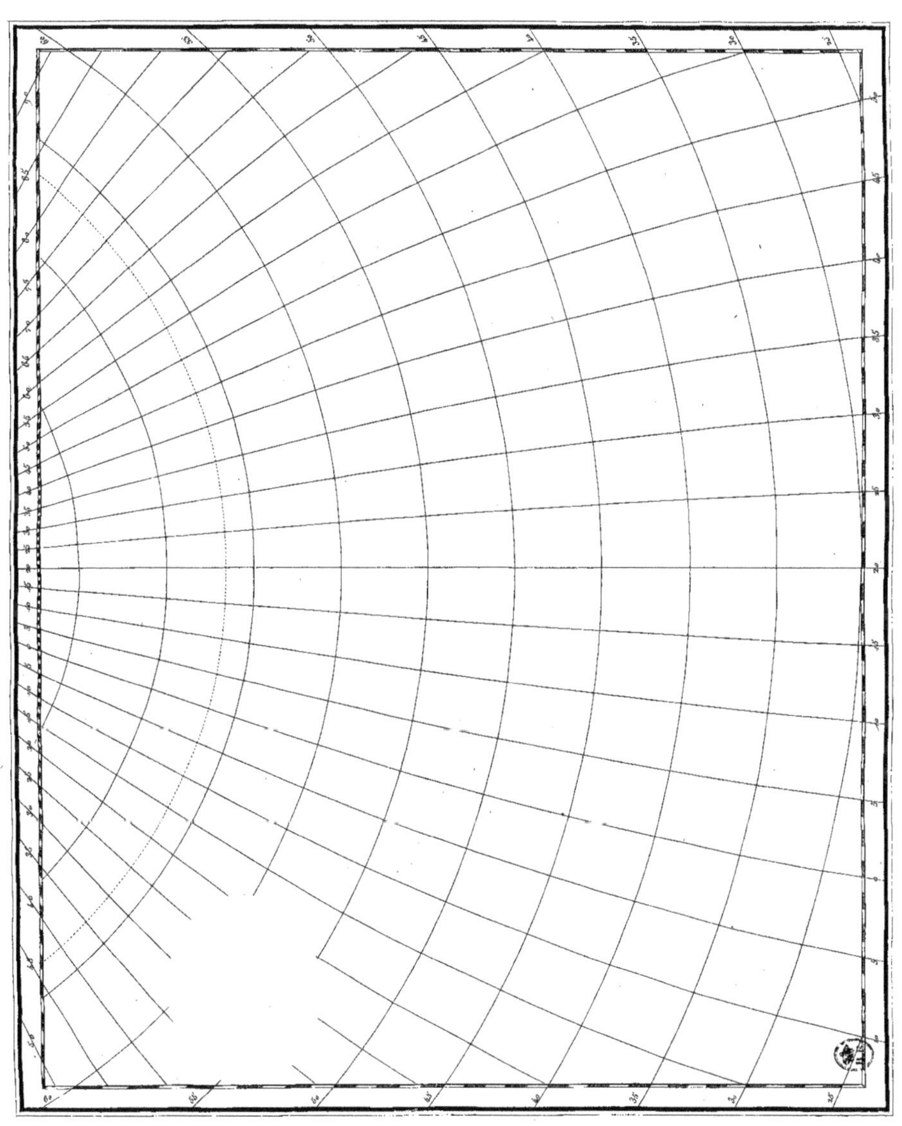

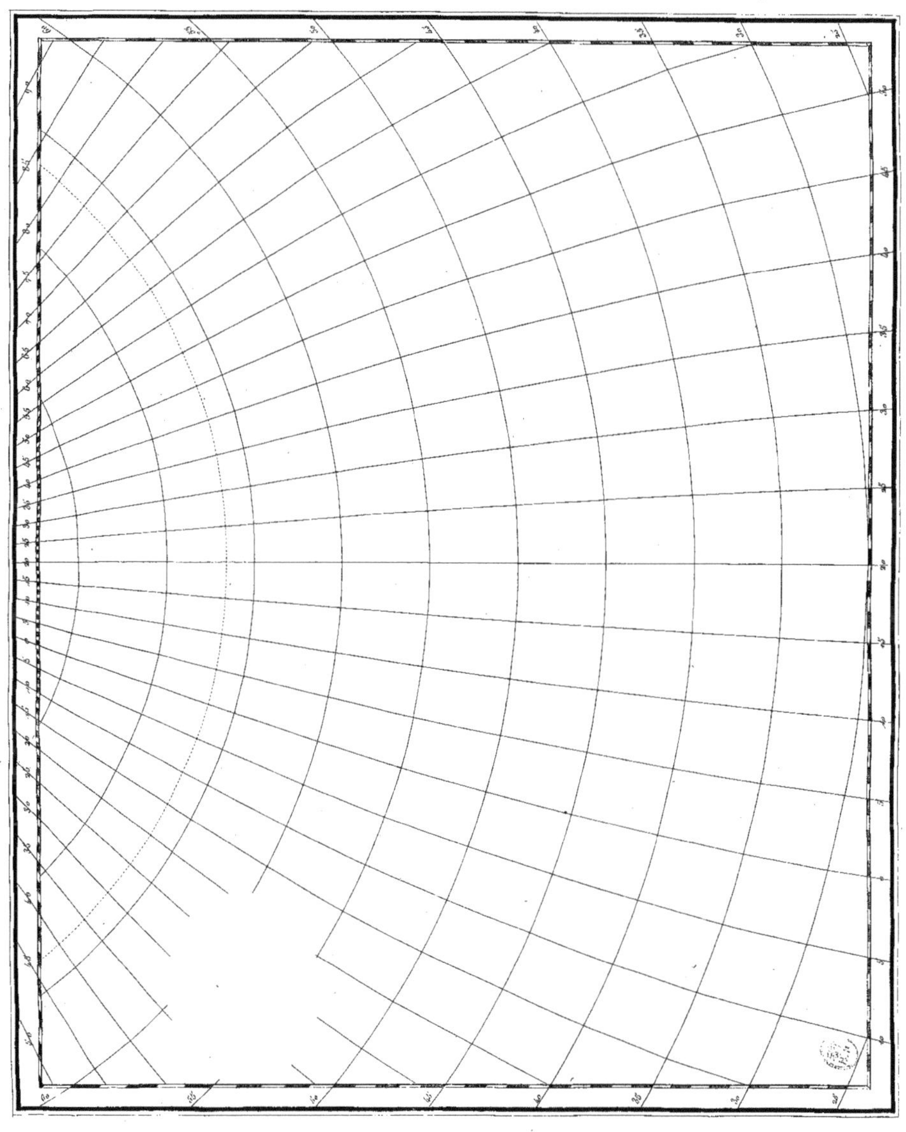

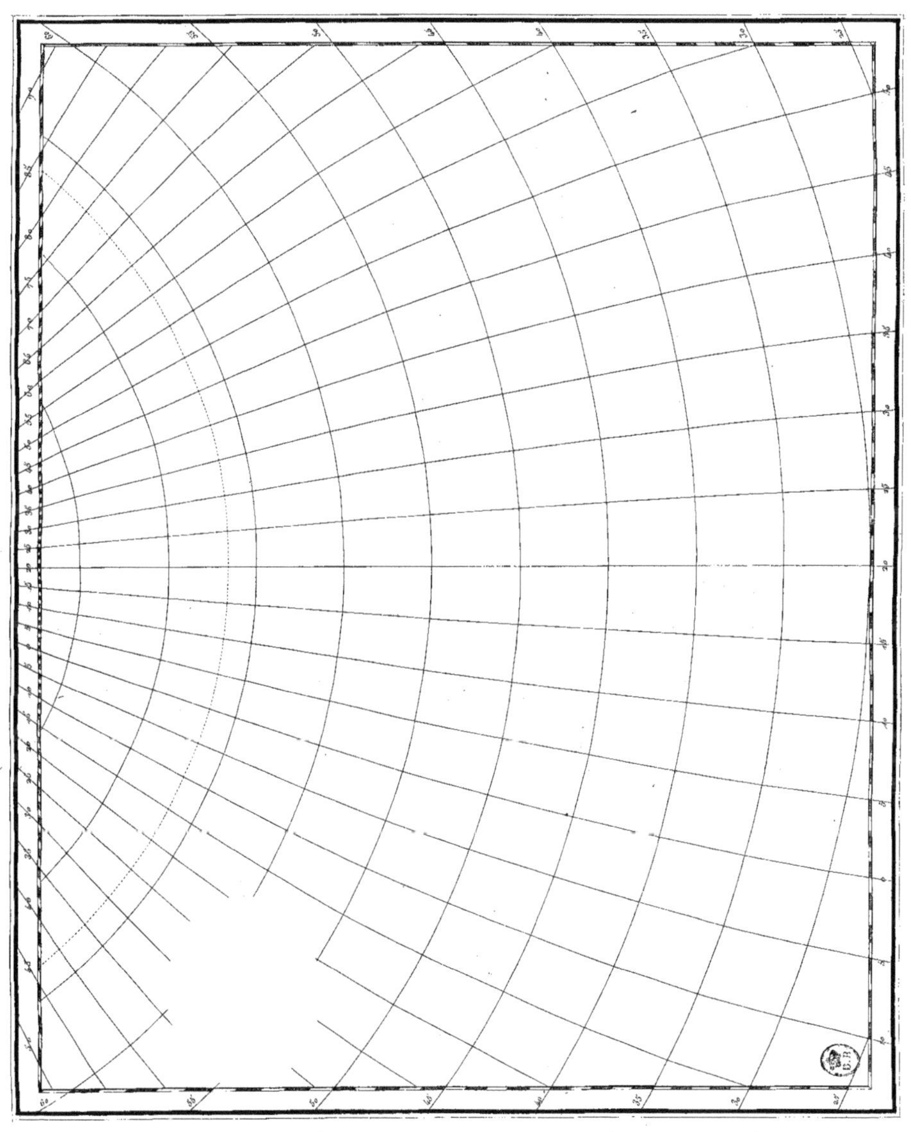

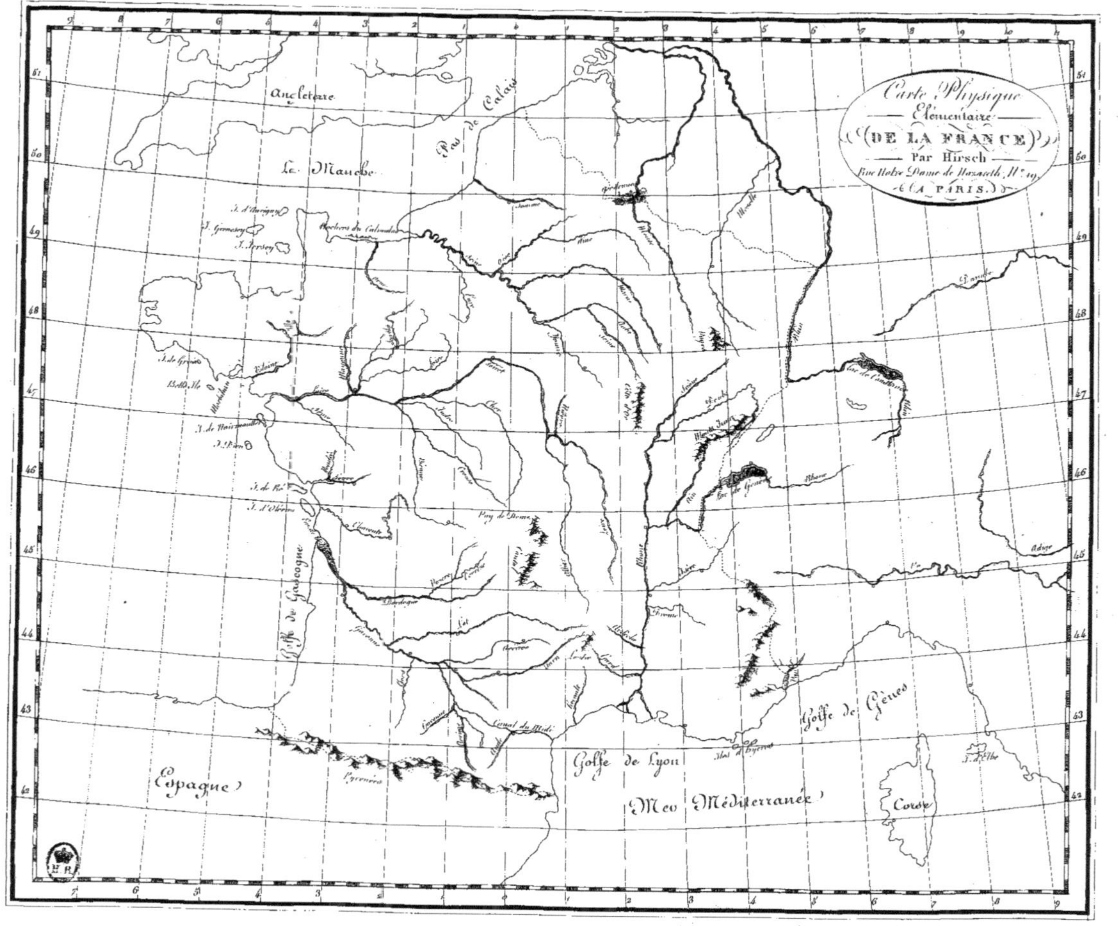
Carte Physique
Élémentaire
DE LA FRANCE
Par Hirsch
Rue Notre Dame de Nazareth, N.° 19
A PARIS
Angleterre
Le Manche
Pas de Calais
Golfe de Gascogne
Golfe de Lyon
Golfe de Gênes
Mer Méditerranée
Espagne
Corse
Pyrénées
Canal du Midi
Pay de Dome
Côte d'Or
Vosges
Lac de Genève
Lac de Constance
Rhin
Rhône
Loire
Seine
Garonne
Dordogne
Lot
Cher
Indre
Creuse
Vienne
Charente
Cantal
Marne
Aisne
Oise
Meuse
Moselle
Saône
Doubs
Isère
Durance
Danube
Adige
Vilaine
Belle Ile
I. de Groix
I. de Noirmoutier
I. d'Yeu
I. de Ré
I. d'Oléron
I. d'Aurigny
I. Guernesey
I. Jersey
Rochers du Calvados
Iles d'Hyères
I. d'Elbe

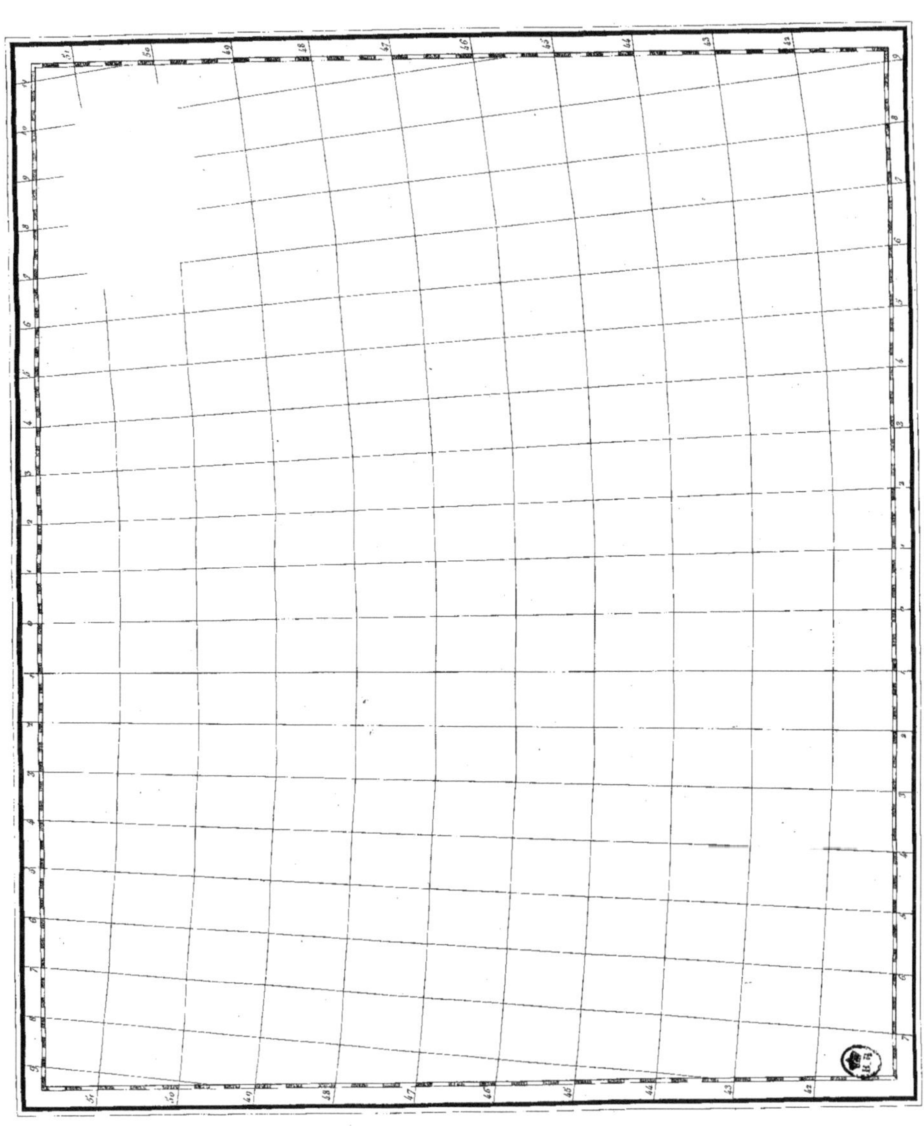

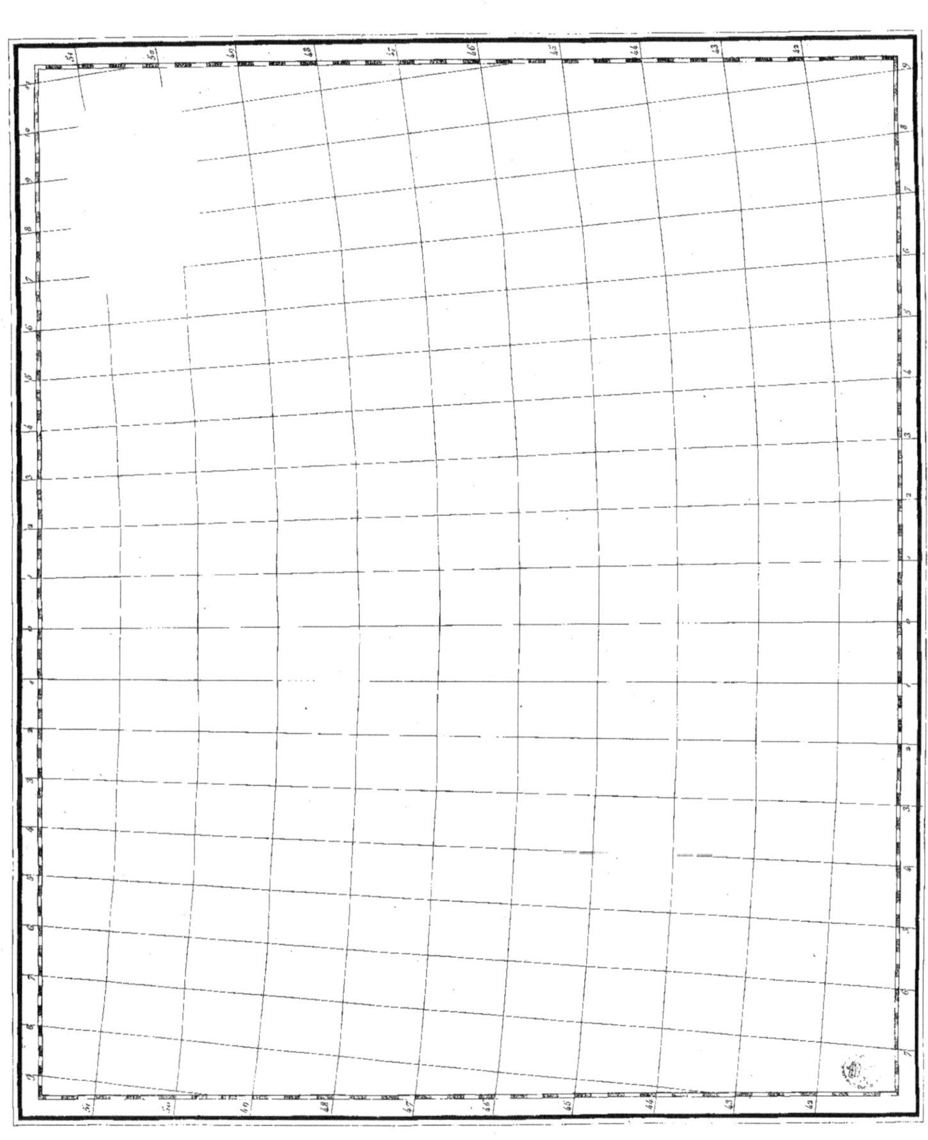

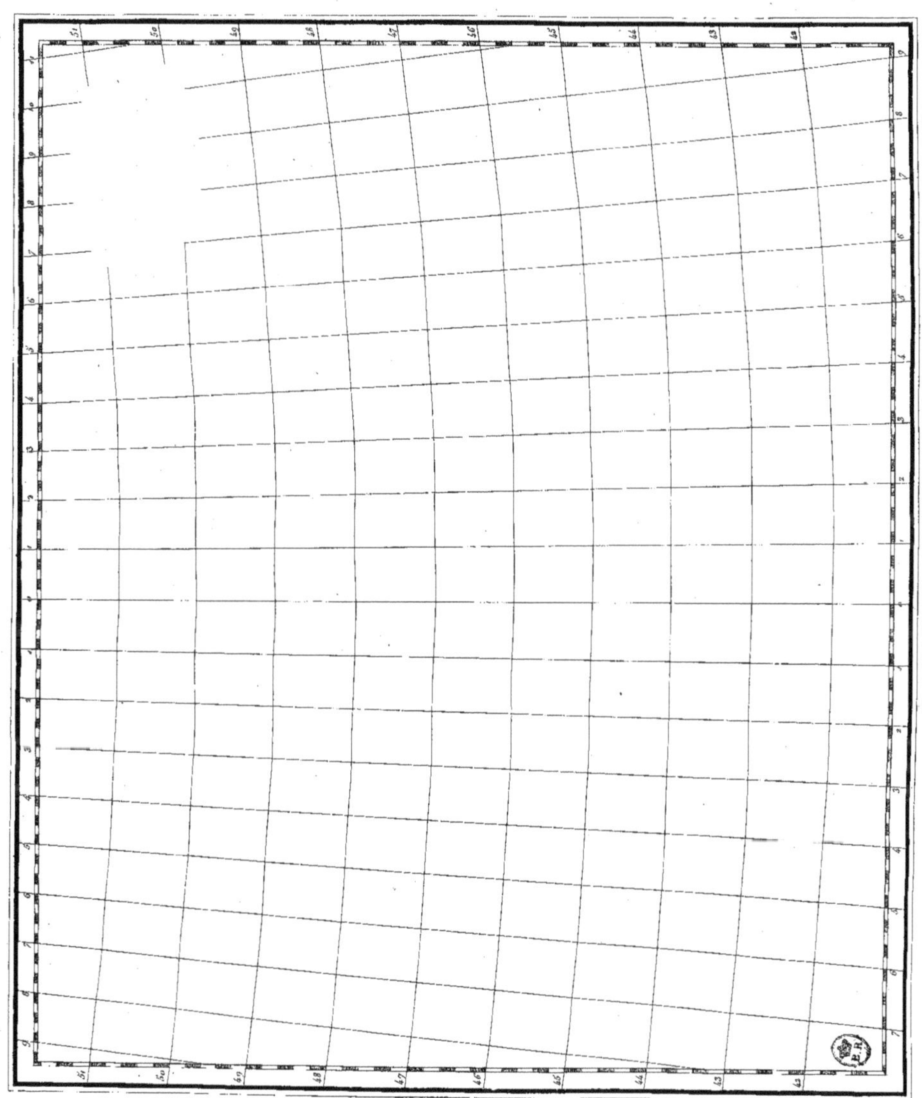

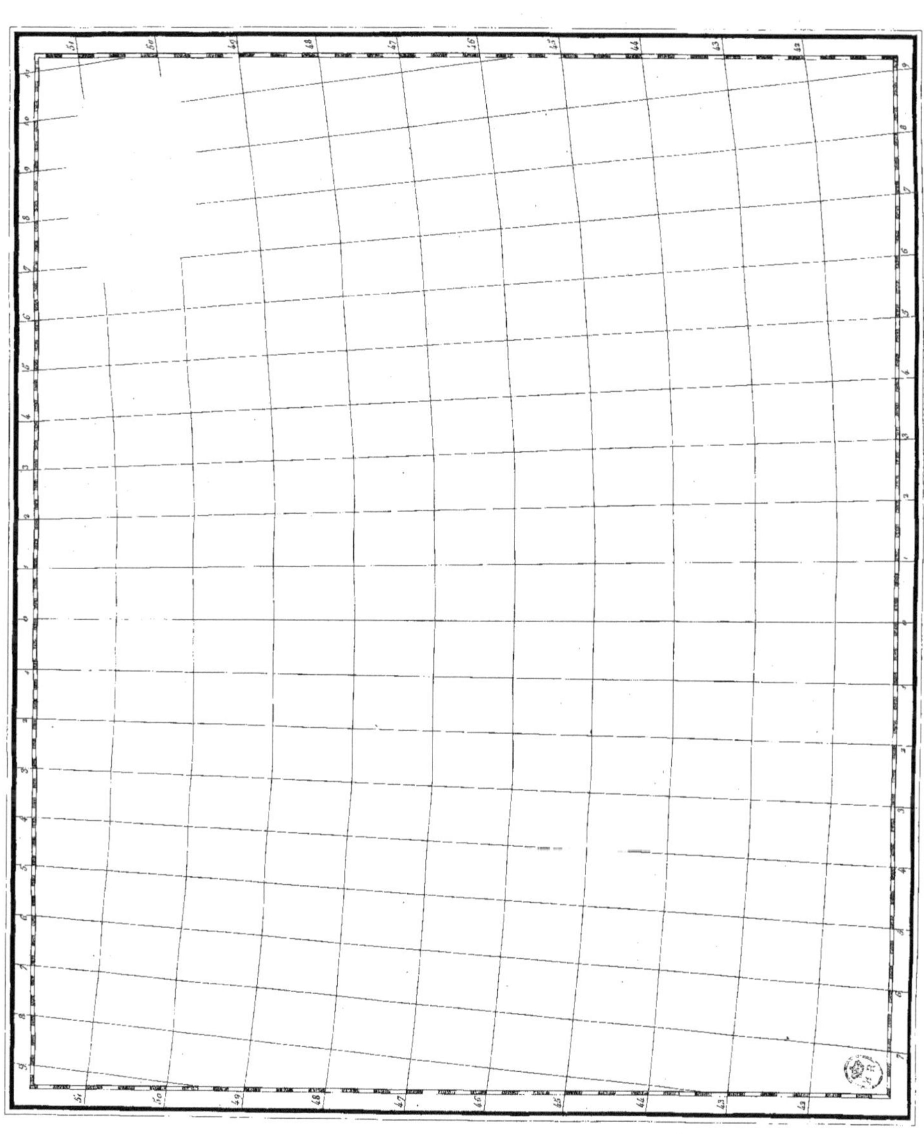

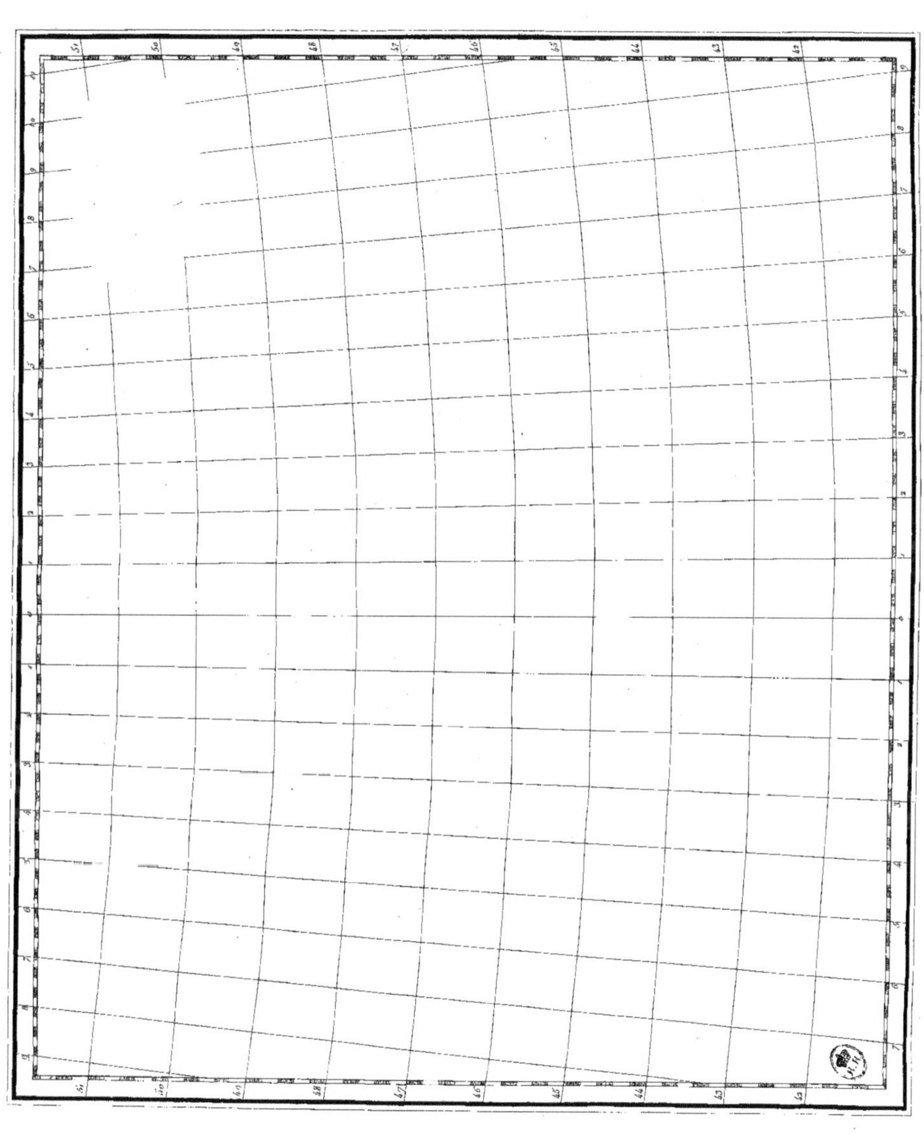

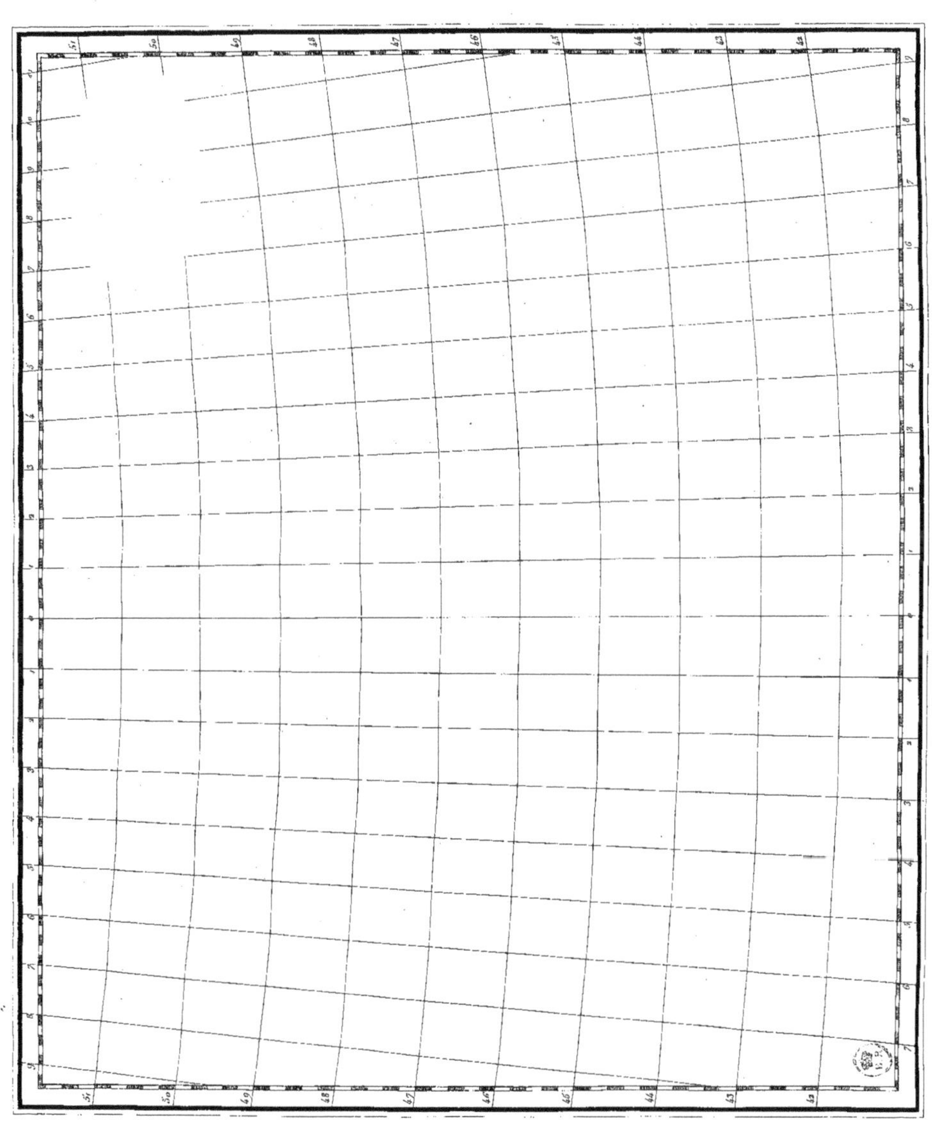

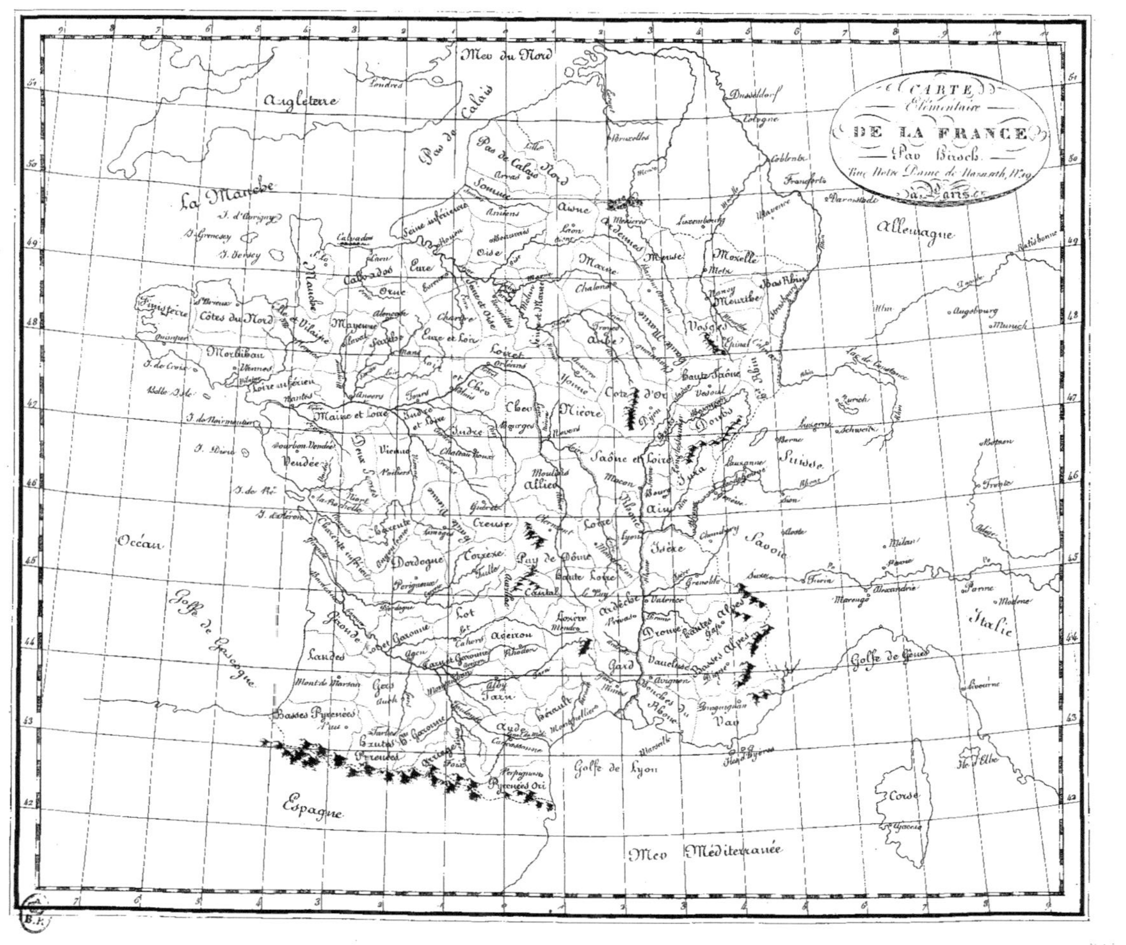
CARTE
Élémentaire
DE LA FRANCE
Par Birsch.
Rue Notre Dame de Nazareth, N°19.
à Paris.
Mer du Nord
Angleterre
Pas de Calais
La Manche
Allemagne
Océan
Golfe de Gascogne
Espagne
Golfe de Lyon
Mer Méditerranée
Golfe de Gênes
Italie
Suisse
Savoie
Corse
Finistère
Côtes du Nord
Morbihan
Ille et Vilaine
Loire inférieure
Mayenne
Sarthe
Maine et Loire
Vendée
Deux Sèvres
Vienne
Calvados
Orne
Eure
Eure et Loir
Seine inférieure
Somme
Pas de Calais
Nord
Aisne
Oise
Marne
Ardennes
Meuse
Moselle
Meurthe
Bas Rhin
Vosges
Haute Saône
Doubs
Jura
Côte d'Or
Aube
Yonne
Loiret
Cher
Nièvre
Indre
Indre et Loire
Allier
Saône et Loire
Ain
Rhône
Loire
Creuse
Corrèze
Puy de Dôme
Haute Loire
Cantal
Dordogne
Gironde
Landes
Lot
Aveyron
Lozère
Ardèche
Isère
Drôme
Hautes Alpes
Basses Alpes
Vaucluse
Gard
Hérault
Tarn
Gers
Aude
Var
Basses Pyrénées
Pyrénées Ori.
Bouches du Rhône
Charente
Charente inférieure

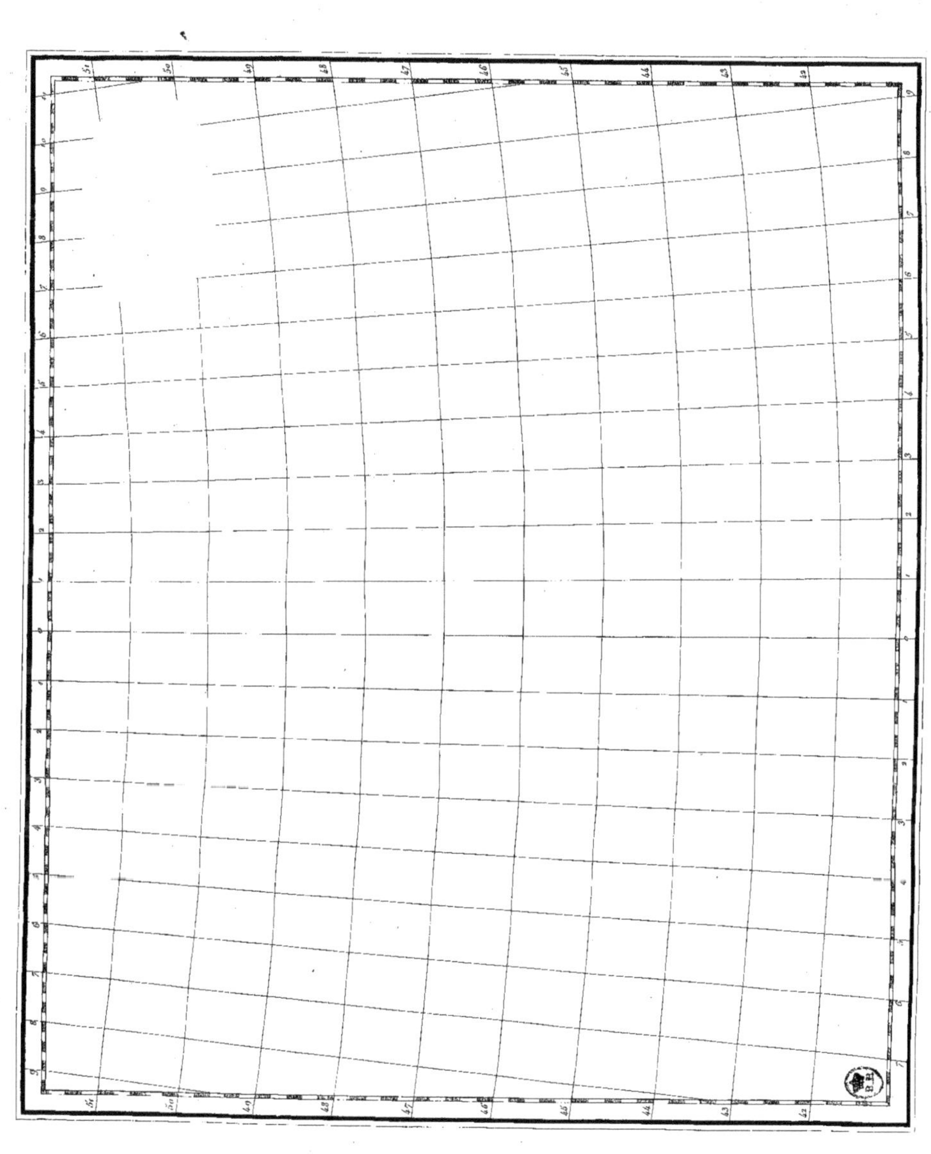

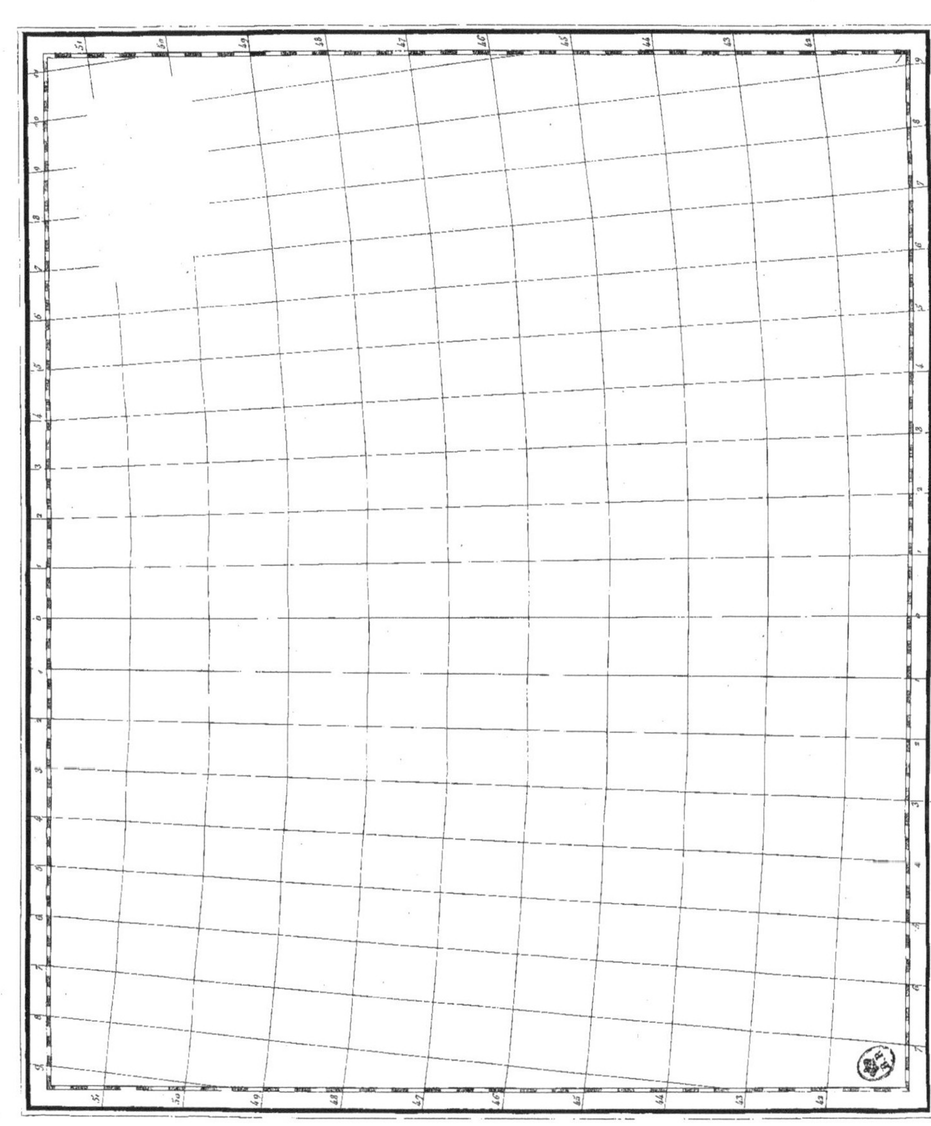

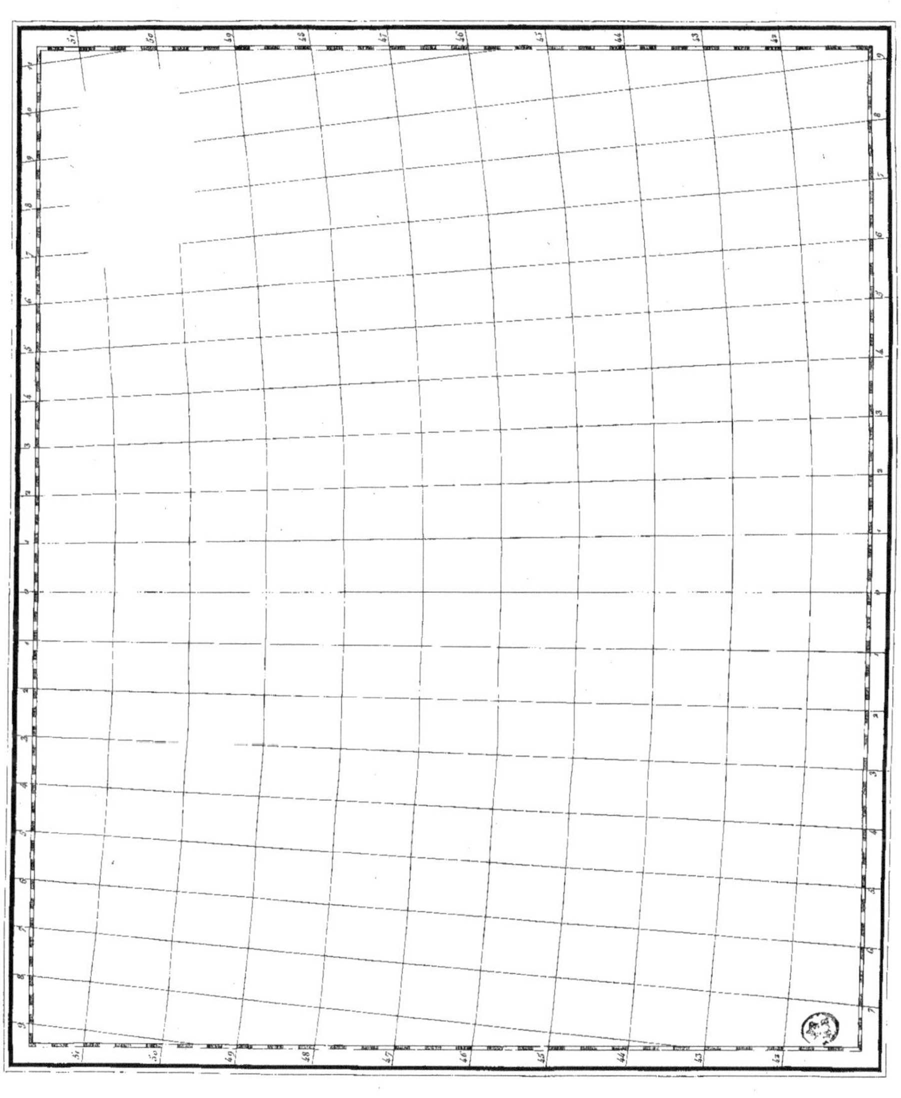

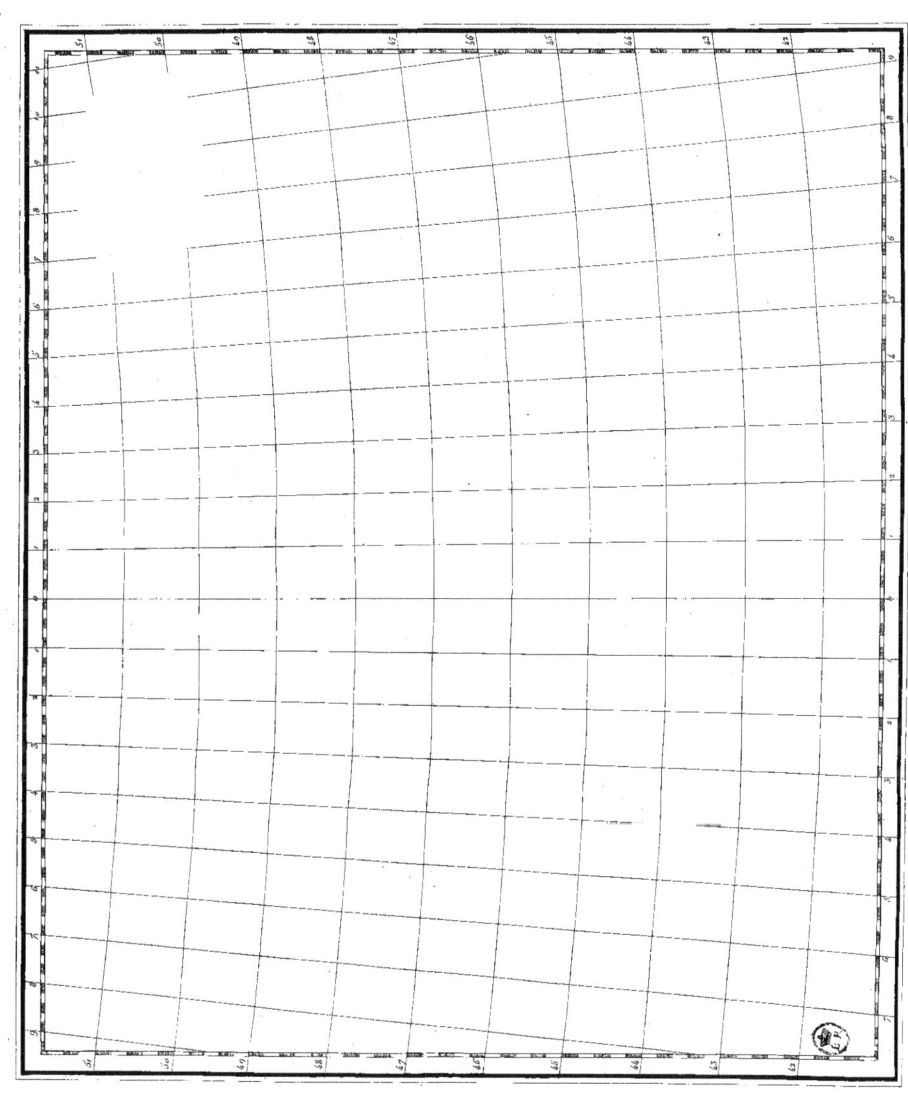

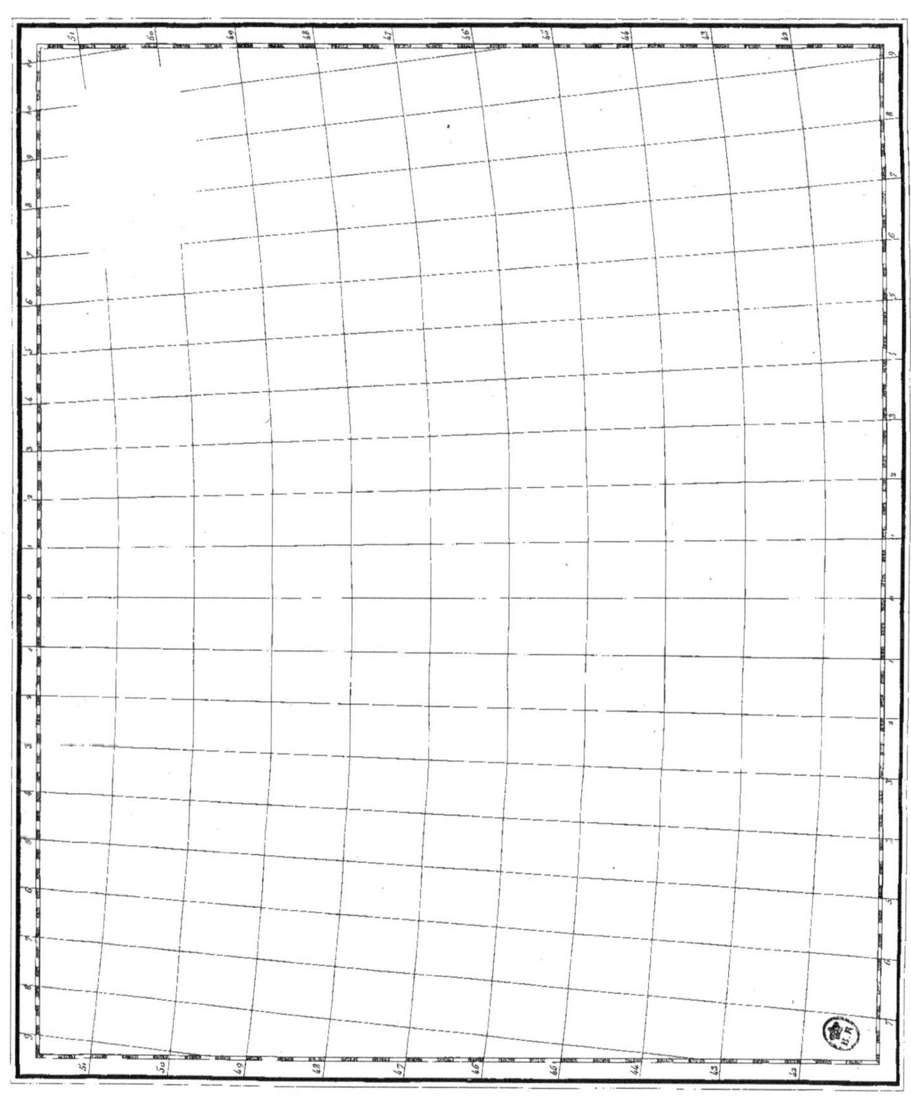

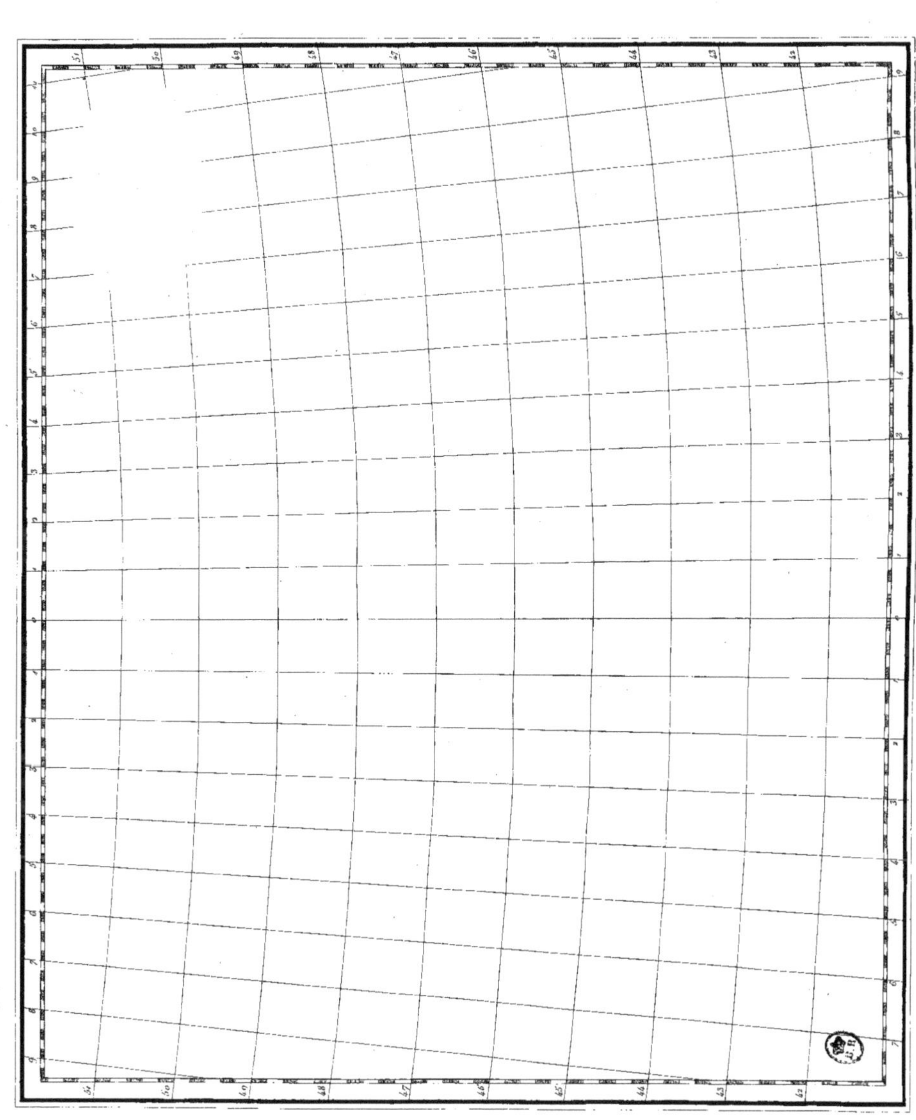

www.ingramcontent.com/pod-product-compliance
Ingram Content Group UK Ltd.
Pitfield, Milton Keynes, MK11 3LW, UK
UKHW020328250726
13967UKWH00004B/1917

9 782013 036597